This Puzzle Book

BELONGS TO

———————

AUTHORS DESK

This puzzle book includes a word search, word scramble and word match with different headings to guide its user. Bible knowledge is helpful in word match activities but not essential in the remaining activities.

It also includes Bible verses, positioned before and after each puzzle to encourage and remind the user of God's word. The New Living Translation (NLT) has been used to research most of the activities in this book.

Aside from entertainment, this book also serves as a medium to evangelise Christ to our world and a perfect gift to present during visits to care homes and hospitals. It is a good way to recollect scriptures, to seek more of His word, set questions for group quiz, fill time whilst engaging children during Sunday school or teach children more about God using puzzle heading as a guide.

I pray you enjoy every page as you flip them open and work through each activity. Amen.

LOVE

- I have loved you with an everlasting love; I have drawn you with unfailing kindness. **Jeremiah 31:3**

- See what great love the Father has lavished on us, that we should be called children of God! **1John3:1**

- Humble yourselves, therefore, under God's mighty hand, that he may lift you up in due time. Cast all your anxiety on him because he cares for you. **1Peter5:6-7**

- We love because he first loved us. **1John 4:19**

- Dear friends, let us love one another, for love comes from God. Everyone who loves has been born of God and knows God. **1 John 4: 8**

- My command is this: Love each other as I have loved you. Greater love has no one than this: to lay down one's life for one's friends. **John 15: 12-13**

- Above all, love each other deeply, because love covers over a multitude of sins. **1 Peter 4:8**

- Do everything in love. **1 Corinthians 16:14**

Word Scramble Instruction

In a word scramble, the letters in a word are placed out of order for example LBBIE would read Bible. The Set of words are related to a subject as shown in the heading of each puzzle. Below is an example of a word Scramble question and solution.

Puzzle #1
BIBLE AUTHORS

SMESO	_ _ _ _ _	
UJASHO	_ _ _ _ _ _	
ALEUMS	_ _ _ _ _ _	
EHJREMIA	_ _ _ _ _ _ _ _	
RZAE	_ _ _ _	
AIMOCRDE	_ _ _ _ _ _ _ _	
OBJ	_ _ _	
ADDIV	_ _ _ _ _	
OSOOLMN	_ _ _ _ _ _ _	
SIIAHA	_ _ _ _ _ _	
IELEEKZ	_ _ _ _ _ _ _	
AINEDL	_ _ _ _ _ _	

Puzzle #1
BIBLE AUTHORS

SMESO	=	MOSES
UJASHO	=	JOSHUA
ALEUMS	=	SAMUEL
EHJREMIA	=	JEREMIAH
RZAE	=	EZRA
AIMOCRDE	=	MORDECAI
OBJ	=	JOB
ADDIV	=	DAVID
OSOOLMN	=	SOLOMON
SIIAHA	=	ISAIAH
IELEEKZ	–	EZEKIEL
AINEDL	=	DANIEL

Puzzle #1
PLACES/LOCATIONS IN THE BIBLE

EVEGN   _ _ _ _ _

RSYAIAS   _ _ _ _ _ _ _

NDAJRO   _ _ _ _ _ _

HEINVEN   _ _ _ _ _ _ _

IARSY   _ _ _ _ _

AOBNBLY   _ _ _ _ _ _ _

OERCHIJ   _ _ _ _ _ _ _

ASBEH   _ _ _ _ _

VHAAHLI   _ _ _ _ _ _ _

MODOS   _ _ _ _ _

MAARIAS   _ _ _ _ _ _ _

Puzzle #2
OLD TESTAMENT PROPHET

SEAHO _ _ _ _ _

MOSA _ _ _ _

IHAAODB _ _ _ _ _ _ _

KZEEILE _ _ _ _ _ _ _

EMJAHIRE _ _ _ _ _ _ _ _

AIISHA _ _ _ _ _ _

MAELUS _ _ _ _ _ _

HNANTA _ _ _ _ _ _

NDILAE _ _ _ _ _ _

IHALAMC _ _ _ _ _ _ _

ARAHEIHZC _ _ _ _ _ _ _ _ _

KAKKHUAB _ _ _ _ _ _ _ _

Puzzle #3
FRUITS OF THE SPIRIT

ETANFSSFULIH   _ _ _ _ _ _ _ _ _ _ _

LERFNC-OSTLO   _ _ _ _ _ _ _ _ _ _ _

APENTCEI   _ _ _ _ _ _ _ _

DSOGEOSN   _ _ _ _ _ _ _ _

NSSETNLGEE   _ _ _ _ _ _ _ _ _ _

YJO   _ _ _

NEISNSKD   _ _ _ _ _ _ _ _

CEPAE   _ _ _ _ _

VLOE   _ _ _ _

Puzzle #4
OLD TESTAMENT BOOKS

TISUEVLCI   _ _ _ _ _ _ _ _ _

YDEUTORMNEO   _ _ _ _ _ _ _ _ _ _ _

RISHCENCOL   _ _ _ _ _ _ _ _ _ _

AENTSOATNLIM   _ _ _ _ _ _ _ _ _ _ _

EJOL   _ _ _ _

SOAM   _ _ _ _

AIMCH   _ _ _ _ _

KAUBKHKA   _ _ _ _ _ _ _ _

HEIAAZHNP   _ _ _ _ _ _ _ _ _

IAHAGG   _ _ _ _ _ _

IHCAEAZRH   _ _ _ _ _ _ _ _ _

LCMIAHA   _ _ _ _ _ _ _

Puzzle #5
SUSA QUEEN-ESTHER

RXSEEX   _ _ _ _ _ _

IMEACRDO   _ _ _ _ _ _ _ _

UNHAM   _ _ _ _ _

CNAMMEU   _ _ _ _ _ _ _

AITVHS   _ _ _ _ _ _

AGHIE   _ _ _ _ _

ZSHAASHAG   _ _ _ _ _ _ _ _ _

HAINBGAT   _ _ _ _ _ _ _ _

EHTRSE   _ _ _ _ _ _

CHAAHTH   _ _ _ _ _ _ _

SZERHE   _ _ _ _ _ _

BAOHNRA   _ _ _ _ _ _ _

Puzzle #6
OFFERING TO GOD

NRTBU _ _ _ _ _

WLLFEEIR _ _ _ _ _ _ _ _

IRNGA _ _ _ _

IRKDN _ _ _ _ _

EEPAC _ _ _ _ _

TEMTNNEAO _ _ _ _ _ _ _ _ _

ARCCSEFII _ _ _ _ _ _ _ _ _

SEITHT _ _ _ _ _ _

EFIONFGR _ _ _ _ _ _ _ _

IRTSF SUTFRI _ _ _ _ _ _ _ _ _ _ _

NIGVGI _ _ _ _ _ _

Puzzle #7
BIBLE AUTHORS

SESOM　　　　　　_ _ _ _ _

USOAJH　　　　　_ _ _ _ _ _

ALEUSM　　　　　_ _ _ _ _ _

EREHIAJM　　　　_ _ _ _ _ _ _ _

AREZ　　　　　　_ _ _ _

COADEIMR　　　　_ _ _ _ _ _ _ _

BJO　　　　　　　_ _ _

VADID　　　　　　_ _ _ _ _

MOLOONS　　　　_ _ _ _ _ _ _

HISAAI　　　　　_ _ _ _ _ _

LIEZKEE　　　　　_ _ _ _ _ _ _

ELDIAN　　　　　_ _ _ _ _ _

Puzzle #8
WOMEN WHO FEARED THE LORD

AMRY   _ _ _ _

ALEAMNDGE   _ _ _ _ _ _ _ _ _

AHNANH   _ _ _ _ _ _

AAHRS   _ _ _ _ _

BADEROH   _ _ _ _ _ _ _

THRU   _ _ _ _

STEERH   _ _ _ _ _ _

UCEIEN   _ _ _ _ _ _

IOSL   _ _ _ _

ARMIMI   _ _ _ _ _ _

ELCHRA   _ _ _ _ _ _

YIADL   _ _ _ _ _

Puzzle #9
MOUNTS

OBEHR   _ _ _ _ _

ASNII   _ _ _ _ _

IRES   _ _ _ _

ORH   _ _ _

ELIAGD   _ _ _ _ _ _

IZON   _ _ _ _

VIOSLE   _ _ _ _ _ _

MECRLA   _ _ _ _ _ _

OENMHR   _ _ _ _ _ _

TAARRA   _ _ _ _ _ _

IMROHA   _ _ _ _ _ _

Puzzle #10
NAMES OF GOD

LDHAADSEI   _ _ _ _ _ _ _ _ _

DAONAI   _ _ _ _ _ _

WHEYHA   _ _ _ _ _ _

HLMIEO   _ _ _ _ _ _

ASMAHMH   _ _ _ _ _ _ _

PAARH   _ _ _ _ _

ISSNI   _ _ _ _ _

HEJRI   _ _ _ _ _

OSLMHA   _ _ _ _ _ _

ASBAHTO   _ _ _ _ _ _ _

SEIDUTNK   _ _ _ _ _ _ _ _

ARHA   _ _ _ _

Puzzle #11
NEW TESTAMENT BOOKS

OSSSCOIANL

_ _ _ _ _ _ _ _ _ _

ALNGAISAT

_ _ _ _ _ _ _ _ _

NIIAOTRSNHC

_ _ _ _ _ _ _ _ _ _ _

SHISEEPNA

_ _ _ _ _ _ _ _ _

EMINPOLH

_ _ _ _ _ _ _ _

NHOJ

_ _ _ _

RETPE

_ _ _ _ _

SHEBREW

_ _ _ _ _ _ _

KULE

_ _ _ _

MSAJE

_ _ _ _ _

IUTTS

_ _ _ _ _

TVENROIALE

_ _ _ _ _ _ _ _ _ _

Puzzle #12

HEBREW 11 MEN OF FAITH

EALB   _ _ _ _

HOECN   _ _ _ _ _

PHEOSJ   _ _ _ _ _ _

AJBOC   _ _ _ _

OSESM   _ _ _ _ _

ONAH   _ _ _

DGIOEN   _ _ _ _ _ _

PHEATJHH   _ _ _ _ _ _ _ _

VAIDD   _ _ _ _ _

AAHBR   _ _ _ _ _

OUAHJS   _ _ _ _ _ _

AHIJEREM   _ _ _ _ _ _ _ _

Bible Puzzle Book for Adult & Kids

Bible Puzzle Book for Adult & Kids

THANKFULNESS

- Rejoice always, pray continually, give thanks in all circumstances; for this is God's will for you in Christ Jesus. **1 Thessalonians 5:16-18**

- Every good and perfect gift is from above, coming down from the Father of the heavenly lights, who does not change like shifting shadows. **James 1:17**

-

- Oh give thanks to the LORD, for He is good; for His steadfast love endures forever! **1 Chronicles 16:34**

- Therefore, since we are receiving a kingdom that cannot be shaken, let us be thankful, and so worship God acceptably with reverence and awe, for our "God is a consuming fire. **Hebrews 12:28**

- Rejoice in the Lord always. I will say it again: Rejoice! **Philippians 4:4**

- This is the day that the LORD has made; let us rejoice and be glad in it. **Psalms 118:24**

- And whatever you do, whether in word or deed, do it all in the name of the Lord Jesus, giving thanks to God the Father through Him.b

- Thanks be to God for His indescribable gift! **2Corinthians 9:15**

Word Search Instruction

In this word search puzzle, words are placed inside a grid of random letters. Words are searched inside the grid. The words could go in any direction from left to right, right to left, bottom to top, top to bottom, diagonal up or down. There are **2 or more incorrect answers** to cross out. The example below **Fullness** & **Surrey** don't fit into the category of men God helped.

Men God Helped

```
C J E H O S H A P H A T R F M M
T G H W C F I X W D B N N K Z J
L W J W D D F P C N O S K T D H
Y Y M D S P I D K M S Q L T T U
B N P E A T Y Y O E N N L Y V P
W B E A H K S L N Y G E C T P K
D M S O V E O L L R I H X V W W
E A I L G S L Q E N V N D R F Q
A Y W P I U U H A I V S Q H G X
Q Y A E F I T D W D S U R R E Y
Q V T X Z S H O F S A B K F R U
K A I B E A L U H T C V W P B R
N V L Y N O O S R V E H I A Z X
S P N O F A A K L K V M H D T J
Z M J N A T H A N S O A J G Z B
N V A D Y V L A J R R T S S R G
```

ASA   DANIEL   DAVID
ESTHER   FULLNESS   JEHOSHAPHAT
JONAH   NATHAN   RAHAB
SOLOMON   SURREY

Men God Helped - Solution

1. Names of God

R	H	T	H	F	E	R	G	Y	I	G	F	M	E	A	X
Q	S	O	A	J	T	S	I	D	K	E	N	U	G	E	H
C	T	T	U	O	X	G	F	W	S	B	K	H	P	L	F
S	I	J	I	R	E	H	G	S	V	R	A	C	S	O	I
A	W	S	A	Y	R	A	P	H	A	A	U	J	P	H	I
B	A	I	B	K	D	H	H	T	R	I	C	A	I	I	X
A	D	Q	J	Z	K	A	K	E	I	T	B	L	N	M	S
O	O	T	J	T	M	P	F	R	Y	M	D	V	I	E	Y
T	N	K	D	M	I	I	Z	P	G	F	I	K	M	F	G
H	A	W	A	S	Y	A	H	W	E	H	H	H	I	M	X
X	I	H	S	S	P	W	Q	M	G	G	I	A	T	G	V
Q	S	I	E	L	S	H	A	D	D	A	I	M	W	M	E
B	N	G	N	J	F	G	S	H	A	L	O	M	S	M	R
X	N	B	X	O	I	Z	F	E	L	O	L	A	M	Z	Q
O	X	D	G	Y	P	X	C	A	X	C	X	A	W	U	V
E	Y	Z	S	H	E	P	H	E	R	D	Y	T	C	T	N

ADONAI   ELOHIM   ELOLAM
ELSHADDAI   JIREH   NIMI
NISSI   RAAH   RAPHA
SABAOTH   SHALOM   SHAMMAH
SHEPHERD   TIMI   TSIDKENU
YAHWEH

2. Israelite Musicians

```
B U E N Q U U N E T H A N E L O
X A N B J H G Q Y C M O B S J Y
F S G U T I E K H K Q S S Z O M
F A P K E S D J X A O N S X S Z
Z R Z K Y C A E R H N U B A E S
N E H I M A L I P S D A P O P V
M L C A H B I E T A F S N W H B
S A J H T N A L K E N A N I A H
H H R L A G H S L F K P O N T N
T E U M G R T E M G H H O J U H
S E E B A E I Z E R I I X H R W
Q H T Z A Z O A E X N A T U Y P
G K H H Z E I Y H N J U C G H O
P T K U A F L E U F D C I I L P
D S O P N N G J L E A F I G H O
A P B I A K M X J Z E O P S M L
```

ASAPH ASARELAH AZIEL
BUKKIAH ETHAN GEDALIAH
HANANI HEMAN JEDUTHUN
JEIEL JOSEPH KENANIAH
NETHANEL SHUBAEL UNNI
UZZIEL ZACCUR ZECHARIAH
ZERI

3. Party Defectors

```
N O Y F N P V M G H B G A O N M
W S Q D V Y S E H A F Z J E B I
B Y E M D U V L I A M N Z L C C
A L S G W F D L J W Z U B I V H
J T N E O G E S E O R D H H X A
A H T B Y B I N Q L Z J V U P E
R Z W A O A A F A L I A S Q G L
M I U X I S F D E D C E B M L R
E L F Z A H U A I D N F L A Y A
H L M O Y O I R U A U A M Q D O
M E Z A N D R E W V H Z H L A Q
A T S A E P Y R S I S J D Q W D
X H G J B G H V A D B Z E B X Z
N A J P E A J E R E M I A H C H
V I D Y Y O D M A C B A N N A I
P Q E L J M J O H A N A N L U W
```

ADNAH   ANDREW   ATTAI
DAVID   ELIAB   ELIEL
ELIHU   ELZABAD   JEDIAEL
JEREMIAH   JOHANAN   JOZABAD
MACBANNAI   MICHAEL   OBADIAH
ZILLETHAI

4. Relatives of Saul defects to David

E	D	C	W	G	G	E	D	E	R	A	H	J	T	F	E
H	P	D	K	E	K	A	I	B	P	S	L	B	F	Z	U
U	N	B	R	V	N	D	H	S	N	D	N	T	R	A	M
J	O	E	Z	E	R	Y	C	I	S	F	D	F	A	T	P
Z	V	Z	J	S	D	B	M	W	E	H	Q	Y	U	X	L
E	J	N	O	Z	O	X	W	J	E	Z	I	E	L	F	J
B	W	P	E	J	S	L	R	C	D	E	E	A	I	P	A
A	A	E	L	Y	E	U	O	A	W	H	E	R	H	E	S
D	B	L	A	H	H	R	B	M	A	V	L	H	P	L	H
I	E	E	H	C	A	A	I	N	O	S	U	B	Z	K	O
A	A	T	G	S	Z	R	O	M	S	N	Z	D	K	A	B
H	L	L	G	O	Q	J	U	H	O	E	A	P	K	N	E
H	I	O	J	J	Z	W	J	P	Q	T	I	K	Q	A	A
Y	A	Z	A	R	E	L	S	B	H	E	H	Z	A	H	M
Z	H	G	P	K	C	W	J	O	A	S	H	S	N	W	W
A	S	H	E	M	A	R	I	A	H	R	Z	R	P	I	C

AHIEZER   AZAREL   BEALIAH
ELKANAH   ELUZAI   GEDERAH
HARUPH   ISSHIAH   JASHOBEAM
JERIMOTH   JEZIEL   JOASH
JOELAH   JOEZER   JONAH
JOZABAD   PELET   SHEMARIAH
SOLOMON   ZEBADIAH

5. Israelite Commanders and Leaders

S	L	J	O	J	F	E	U	F	I	B	Y	U	C	H	H
W	U	Y	K	P	D	F	A	A	E	Y	P	C	A	W	M
Z	E	C	K	E	N	K	D	J	E	R	E	M	O	T	H
H	K	U	L	L	N	O	A	S	A	H	E	L	O	U	N
A	G	E	I	I	D	J	A	S	H	O	B	E	A	M	A
S	H	S	E	L	I	H	U	S	I	B	B	E	C	A	I
H	G	S	A	B	I	E	Z	E	R	X	L	J	O	A	B
A	Q	H	J	N	Q	M	V	J	O	E	L	B	C	P	D
B	N	A	E	G	K	J	A	A	S	I	E	L	W	F	R
I	W	M	H	E	L	E	Z	I	B	N	K	Y	E	H	W
A	W	M	N	H	D	X	R	F	R	U	Z	I	K	O	Q
H	X	A	B	L	S	M	B	E	N	A	I	A	H	S	G
L	G	H	X	B	O	I	K	I	K	M	C	I	A	H	A
A	S	U	I	F	I	F	L	K	R	V	D	E	O	E	E
T	K	V	C	I	D	D	O	I	O	A	R	G	Z	A	B
L	A	Z	A	R	E	L	H	M	A	H	A	R	A	I	I

ABIEZER	ASAHEL	AZAREL
BENAIAH	DODAI	ELIHU
HASHABIAH	HELED	HELEZ
HOSHEA	IDDO	IRA
JAASIEL	JASHOBEAM	JEREMOTH
JOAB	JOEL	MAHARAI
OMRI	SHAMMAH	SIBBECAI

6. Musical Instrument & Weapons of Battle

O	R	M	W	O	P	H	X	Y	C	V	A	Z	F	L	K
G	L	S	H	I	E	L	D	H	L	A	V	K	X	Q	L
Z	O	Q	H	S	M	I	A	A	A	D	H	J	A	G	W
F	N	I	Q	Q	P	Q	W	R	P	T	R	P	A	N	T
U	P	U	Y	K	H	E	R	P	P	T	M	U	B	F	A
W	F	W	Z	C	P	S	A	A	E	S	X	G	M	U	M
A	O	O	R	T	R	Y	T	R	R	X	I	K	N	S	B
U	F	A	S	B	C	F	C	O	L	E	Y	W	B	G	O
B	L	J	S	W	E	R	G	Y	N	Y	Q	D	N	Q	U
B	M	P	V	O	O	L	E	S	M	E	R	I	Z	B	R
W	I	T	Z	C	J	R	L	E	X	B	L	E	H	L	I
T	I	M	B	R	E	L	D	S	D	S	A	L	N	O	N
F	W	G	K	E	F	H	O	R	N	P	V	L	S	D	E
C	P	T	T	R	U	M	P	E	T	V	I	H	S	F	S
I	B	Z	R	K	H	Z	G	A	J	W	A	P	F	D	C
C	F	Z	W	J	T	K	T	G	R	X	D	P	E	D	T

ARCH	BELLS	CLAPPER
CYMBALS	DRUM	HARP
HORN	LYRE	REEDPIPE
SHIELD	SLING	SPEAR
STONE	SWORD	TAMBOURINES
TIMBREL	TRUMPET	

7. King David' Children

A	E	D	E	Y	R	E	L	I	S	H	U	A	B	A	D
B	L	Y	M	J	B	E	L	I	A	D	A	C	M	C	T
S	I	G	F	P	A	A	Z	J	U	O	A	A	E	E	W
A	P	G	S	Q	T	P	H	B	J	S	H	M	E	L	G
L	H	H	F	O	A	P	H	Y	P	S	S	A	V	P	A
O	E	T	P	L	M	B	P	I	I	C	U	M	N	E	D
M	L	N	O	G	A	H	R	L	A	M	A	V	A	L	O
H	E	V	G	E	R	L	E	E	M	E	G	B	T	E	N
U	T	G	L	D	S	Q	D	A	R	E	A	E	H	T	I
N	A	I	F	R	O	B	H	H	H	B	S	B	A	L	J
H	H	Z	Q	C	L	S	T	P	O	G	L	N	N	V	A
C	A	K	N	H	O	I	E	H	I	Q	M	J	U	G	H
W	T	M	M	R	M	N	S	W	Z	B	B	W	X	P	J
A	R	B	N	E	O	B	C	N	B	D	H	Q	B	Z	W
O	P	U	Y	O	N	C	X	M	D	W	U	A	C	T	P
L	J	M	E	F	N	C	D	V	B	A	B	Y	R	P	I

ABSALOM ADONIJAH AMNON
CHILEAB ELIADA ELIPHELET
ELISHAMA ELISHUA ELPELET
IBHAR ITHREAM JAPHIA
NATHAN NEPHEG NOGAH
SHAMMUA SHOBAB SOLOMON
TAMAR

8. Old Testament Prophet

C	J	E	R	E	M	I	A	H	J	O	E	L	W	V	Y
X	M	A	L	A	C	H	I	A	T	T	L	N	G	J	D
C	H	R	I	S	A	Z	E	C	H	A	R	I	A	H	A
Z	H	A	B	A	K	K	U	K	S	A	M	U	E	L	T
O	O	N	H	V	E	Z	E	K	I	E	L	I	K	H	J
M	S	K	G	H	H	G	N	Q	R	C	Q	A	K	E	C
Q	E	E	L	A	A	A	H	W	D	A	N	I	E	L	P
G	A	Z	C	J	H	H	Q	A	E	N	D	T	M	B	B
N	J	I	G	T	A	O	V	A	X	A	V	A	M	O	S
K	M	F	A	I	E	H	K	W	Y	H	J	H	F	B	Y
W	J	N	D	T	U	H	R	P	A	U	F	B	B	A	H
U	B	A	H	A	G	G	A	I	L	M	L	B	K	M	Z
L	B	N	Q	Y	W	J	T	A	Y	O	B	A	M	I	S
O	N	U	W	P	T	L	A	J	O	N	A	H	B	Q	Y
X	R	G	R	I	S	A	I	A	H	S	M	H	O	I	Q
L	A	M	E	N	T	A	T	I	O	N	S	M	W	P	S

AMOS — AYOBAMI — CHRIS
DANIEL — EZEKIEL — HABAKKUK
HAGGAI — HOSEA — ISAIAH
JEREMIAH — JOEL — JONAH
LAMENTATIONS — MALACHI — MICAH
NAHUM — NATHAN — OBADIAH
SAMUEL — ZECHARIAH

9. Lineage of Adam

M	E	T	H	U	S	E	L	A	H	K	M	R	G	L	L
A	Z	D	A	N	P	T	U	G	X	C	A	I	N	I	B
H	M	E	S	D	P	E	U	N	E	N	O	C	H	H	F
A	Y	B	H	G	A	L	F	G	O	J	W	H	R	Q	D
L	W	O	E	G	E	M	J	O	M	A	N	W	A	R	X
A	I	R	L	A	C	U	W	E	G	H	H	R	E	M	H
L	F	I	A	G	U	B	H	T	R	F	U	H	C	C	R
E	A	S	H	D	L	S	S	R	M	F	E	D	O	S	N
L	X	U	F	E	B	L	Q	V	Q	K	E	N	Y	H	W
Q	K	W	B	S	P	A	I	Y	C	R	E	M	T	D	J
J	O	A	Z	M	G	M	K	Q	A	J	E	E	L	A	R
S	E	T	H	E	M	E	E	J	Q	R	H	T	I	J	P
T	U	F	L	H	N	C	N	C	E	P	K	E	E	D	J
H	D	E	M	L	C	H	A	J	A	C	N	Z	J	R	J
T	P	P	N	M	P	D	N	J	S	O	A	E	U	G	P
L	K	X	R	B	N	N	I	C	O	L	A	G	T	P	U

ABEL   ADAM   BORIS
CAIN   EHER   ENOCH
HAM   JAPHETH   JARED
JEREMY   KENAN   LAMECH
MAHALALEL   METHUSELAH   NICOLA
NOAH   PELEG   SETH
SHELAH   SHEM

10. Husband & Wife

```
P U V F E D A Q U I L A D X D Z
L D E B O R A H H G N T M P R D
L W H L J S F C S O T Z Q R U F
P U Z O I O G W M M P I U H S X
R M D J S Z K L F E J F A G I E
M U Q L S E A M J R J I B N L R
W E T M S S A B I A R E R A L X
P L C H Q J I Z E A P E A O A E
R I W W K B P J H T H B H M X S
I M P W A I R C E T H T A I D H
S E V H Y A E R S Z O B M V A B
C L A M I Z X E A D E H O R V H
I E F E L I X S I H W B U A J O
L C I T L U W P T V A T E T Z S
L H L C Y J A L E F E B M L A P
A K E F S L F E A K E M T U I M
```

ABRAHAM   AHAB   AQUILA
BOAZ   DEBORAH   DRUSILLA
ELIMELECH   ELIZABETH   ESTHER
FELIX   GOMER   HOSEA
JEZEBEL   KETURAH   LAPIDOTH
NAOMI   PRISCILLA   RAHAB
RUTH   SALMON   XERXES
ZECHARIAH

11. Family Tree of Israel

R	X	S	O	Z	E	B	U	L	U	N	A	Z	Z	I	G
C	N	A	P	H	T	A	L	I	R	D	S	I	R	M	A
Y	I	S	S	A	C	H	A	R	J	O	H	N	B	U	I
G	P	O	V	O	C	W	H	D	J	N	E	T	Z	S	G
A	I	M	W	C	G	A	X	X	E	Z	R	U	J	E	E
R	I	U	E	E	D	Y	N	B	N	I	L	E	V	I	H
X	H	Y	C	U	S	I	U	H	K	N	S	Y	S	G	A
F	I	R	J	B	M	E	P	D	E	A	E	A	O	V	G
E	Q	J	Y	A	R	E	I	T	Y	T	D	K	A	A	R
T	U	B	J	B	S	J	O	S	E	P	H	A	A	C	V
I	D	N	F	O	F	T	L	B	A	Q	N	T	N	I	P
B	E	J	J	Z	S	I	M	E	O	N	Y	Z	F	N	Q
B	I	A	D	I	N	A	H	N	I	G	A	N	Y	Y	T
X	G	C	I	I	U	E	S	A	U	H	A	K	G	M	W
M	E	O	M	K	Q	T	U	N	D	E	S	D	I	H	X
B	G	B	Q	W	G	I	O	Y	T	W	K	E	E	P	F

ASHER   BENJAMIN   DAN
DINAH   ESAU   GAD
ISAAC   ISSACHAR   JACOB
JOSEPH   JUDAH   LEVI
NAPHTALI   NNEKA   REUBEN
SIMEON   TUNDE   ZEBULUN

12. Nations

```
R R Q L E T H I O P I A I K C N
N P C R O A T I A X L U G O R F
N R Z J E R I C H O B Y A A B X
C I L G T J F O N E G E V P A P
W G N P B A P K G R E E C E P Q
K T Y E I I I S R A E L C E G L
B G A B V N Z S I C Y P R U S K
E E A R D E C X T N M M D A O W
O R G R S N H E A L T V I Q D Z
A P O X I H G R L L I D T Z Q X
Y T N A T M I N Y D N B A Y S O
S R P W P M A S C I W I Y N A M
F S V T Q N H L H G S M M A W K
W W F U E T D H T R X J N T G S
U E G B E N S U E A E S G U A T
R P I K W W P P L G H G F R Z N
```

ARABIA   CROATIA   CYPRUS
EGYPT   ETHIOPIA   GREECE
INDIA   IRAN   ISRAEL
ITALY   JERICHO   LIBYA
MALTA   NEGEV   NINEVEH
PERSIA   SPAIN   TARSHISH

13. Occupation/ Profession

```
R X M N S E F I S H E R M E N X
M G O V E R N O R E Y Z R D G P
T S H E P H E R D I C H P E F R
J E S B W M J U D G E S O S Y I
H B A F O I U C K L D I T I S M
I V U C W S C S O L K G T G O E
N H Y T H M S H I O L B E N L M
N O F J L E U B U C K M R E D I
K U F J I E R P A N I S G R I N
E S J O U Z R F K B T A C S E I
E E M V A Q H S I V Y E N A R S
P W U A R R X P N Q O M R S S T
E I D M I K U Y G F J B K T G E
R F X D Z D Z J Q X K G G Z W R
T E J Y B H S P R O P H E T S O
Q H U I I R C R A F T S M E N V
```

BOSSBABY BUTLERS COOKS
CRAFTSMEN DESIGNERS FISHERMEN
GOVERNOR HOUSEWIFE HUNTER
INNKEEPER JUDGES KING
MAIDS MUSICIANS POTTER
PRIME MINISTER PROPHETS
SHEPHERD SOLDIERS TEACHER

14. Fruits & Gifts of the Spirit

E	W	I	S	D	O	M	B	Z	K	E	D	B	B	W	E
A	U	D	Y	V	D	C	O	U	N	S	E	L	E	Q	R
K	H	N	G	E	N	T	L	E	N	E	S	S	J	D	R
S	E	C	O	K	I	N	D	N	E	S	S	I	H	T	G
E	A	U	O	T	K	E	E	Y	E	W	V	T	S	E	X
L	L	O	D	I	O	V	C	G	B	R	I	D	E	K	Y
F	I	U	N	G	O	N	D	W	W	A	V	H	S	N	P
C	N	Y	E	L	G	E	G	Z	F	G	P	Y	H	X	P
O	G	J	S	K	L	B	P	U	H	P	E	J	G	X	O
N	Y	Z	S	W	M	N	D	R	E	J	A	O	L	H	E
T	Y	D	O	V	O	W	X	G	O	S	C	Y	H	D	L
R	X	N	A	A	M	I	C	F	C	P	E	C	I	W	J
O	K	D	Y	S	O	E	J	G	I	H	H	R	P	Z	A
L	O	Q	P	A	T	I	E	N	C	E	P	E	X	G	D
Y	F	E	A	R	O	F	G	O	D	R	M	B	C	B	I
Y	M	I	R	A	C	L	E	S	E	L	U	W	F	Y	D

BRIDE   COUNSEL   FAITH
FEAR OF GOD   GENTLENESS   GOODNESS
HEALING   JOY   KINDNESS
KNOWLEDGE   LOVE   MIRACLES
PATIENCE   PEACE   PRIDE
PROPHECY   SELF-CONTROL   TONGUES
WISDOM

15. Armour of God

```
Y I C B W R E S T L E N B X Y S
R G U R G V S I T H T R U L Q F
I S M E C E Z K V C E N T I Y V
G D P A M A R C H I N C V W N O
H D M S T T T E D M O C E L N A
T M T T E L L U T I S W O R D
E I P M T O S I S T R U T H L
O J X L T S H R H S H L Z W J I
U U E A Z E I E T I U O Q Q U P
S H B T D P Q L A O E E E F G R
N B S E S Y E I U R E L V S F A
E C H P Y B M T I H T Y D A A Y
S C P Z J N D A R T S X E N I I
S T H U Q G O S P E L N E Z T N
A R M O U R O G M X Q H F S H G
U B Y H O F O S A L V A T I O N
```

ARMOUR　　BATTLE　　BELT
BREASTPLATE　DARTS　　FAITH
GOSPEL　　HEART　　HELMET
MARCH　　PRAYING
RIGHTEOUSNESS　　　　SALVATION
SHIELD　　SHOES　　SOLDIER
SPIRIT　　SWORD　　TRUTH
WRESTLE

16. Christ' Birth & His Disciples

```
X M S G B E T H L E M H E M D P
V H T W O O I U B A N D R E W R
X M Y R R H P F H E Z J J P Y E
Y Z I N Y C V H D I I E W A Q G
Y C E N S U S U J O J U D A S N
X I L Z A I J X K M A T H E W A
J S I F B T P E T E R X S J Z N
L C K U T B H L C R W A V O E T
R S I A K P I A M V M J F H J R
S B N J C E L C N O I V P N I G
L I N U A V I H H A R R X Y S Y
O M M L K M P T C G E A G E G I
A K Z O S V E C L L F L M I W B
B U V L N Q J S L H Z A Q P N P
W I G X M A N G E R J C V H O K
O U F R A N K I N C E N S E M W
```

ANDREW   BETHLEMHEM   CENSUS
FRANKINCENSE INN   JAMES
JOHN   JUDAS   JUDE
MANGER   MATHEW   MYRRH
NATHANAEL   PETER   PHILIP
PREGNANT   SIMON   THOMAS
VIRGIN

17. The Land of Susa

```
B K A X A X H S C P Z H H Q V Q
Z E M O R D E C A I H U R A A H
S N U Z I X B L S K A X W G T E
Z V Z Z R X A P J I R Y J U U Q
E M C E Q H G U T G B R R N A M
R T X Y T B H R J B O F I N B G
E C R R B N F I U O N G M H I B
S Y O T R P U M R D A P C U H I
H P U T I Y C O N E H A N M A G
G G V M D V J M N S H S O A I T
L G W X G A K H E T D R D N L H
Z H S H E S I R A Q G C R P S A
Q E O V T H E H M E M U C A N N
I G R U O T Q T A S P A T H A A
G A I O N I M D A L P H O N E M
M I H S H A A S H G A Z J W K J
```

ABIHAIL   ASPATHA   BIGTHANA
BODE   BRIDGETON   DALPHON
HARBONA   HATHACH   HEGAI
HUMAN   MEMUCAN   MORDECAI
PORTHA   PURIM   RUTH
SHAASHGAZ   TERESH   VASHTI
XERXES   ZERESH

18. Evil Acts & Intentions

```
P O E F A K J Z N G N E V E R H
E J Q A X X S H R F W W H L F G
A P H A R A O H B N O U X H V R
T C R N D J H V V Y J O T X M Q
H C A U X H E R O D I A S G V A
A M J I X X A Z D Q X S A H A B
L X K W N Q F L E E F P I A E S
I H A M A N C S O B L O H H U B
A Y S F J A N Q A T E I N A N S
H N K Y A E R X E T S L L Z O X
T W Y F M C H D J H A W U A W B
Y H T C M S N O A R A N I J H D
F X E M O L T C R J S K R D M C
B A O G N R A F X A K V I N E P
S F W N Y A O A B I M E L E C H
Z A E K M Y K Y C X R U A Z N B
```

ABIMELECH	AHAB	AHAZ
AMMON	ATHALIAH	CAIN
DELILAH	EVE	HAMAN
HERODIAS	JEHORAM	JEZEBEL
JUDAS	LOTS WIDE	MAACAH
PHARAOH	SATAN

19. Criminal & Tortious Acts

M	M	A	L	I	C	E	T	I	W	S	L	X	B	Z	G
T	R	E	S	P	A	S	S	H	E	H	I	I	W	X	X
S	W	T	C	M	T	F	F	C	E	W	Y	Y	B	Y	C
K	X	P	H	O	D	E	B	O	C	F	W	A	Y	E	Y
V	R	P	O	O	N	G	R	X	J	E	T	R	W	N	L
Y	X	U	N	D	B	S	A	K	T	W	E	J	O	V	U
Z	P	A	G	B	E	V	P	R	S	T	F	I	B	Z	K
O	V	S	Y	Q	I	F	E	I	L	L	S	D	Y	L	G
U	R	S	Q	E	V	D	A	U	R	A	A	U	C	Y	X
F	R	A	U	D	R	B	D	M	V	A	E	N	R	N	F
R	J	U	J	U	G	A	A	N	A	T	C	E	D	Y	R
D	Q	L	M	S	G	Y	I	T	S	T	B	Y	N	E	J
D	N	T	E	L	W	P	C	E	T	B	I	O	U	I	R
I	T	F	M	V	S	G	C	Z	O	E	L	O	D	M	U
Q	C	Q	U	W	H	N	W	R	T	E	R	C	N	A	F
C	C	J	O	B	I	V	X	X	F	Z	E	Y	Q	H	Y

ADULTERY   ASSAULT   BATTERY
CONSPIRACY   DEFAMATION   FELONY
FRAUD   INCEST   INVASION
LIBEL   MALICE   MURDER
RAPE   ROBBERY   SLANDER
THEFT   TRESPASS

20. First Born Child

O	E	D	G	E	R	S	H	O	M	N	L	L	T	J	G
Y	B	F	I	X	W	G	F	I	V	O	Z	T	I	E	H
W	R	E	U	B	E	N	M	H	V	B	O	Q	S	L	V
B	M	Y	B	Q	S	A	T	B	I	E	U	T	H	H	P
S	A	M	U	E	L	B	Z	O	M	D	K	E	Q	O	Y
B	P	W	Y	O	M	I	R	C	R	X	S	X	Q	E	N
I	U	T	E	V	I	J	W	A	F	S	L	U	O	H	R
M	I	Z	B	L	R	A	M	I	A	H	Q	P	O	X	N
N	J	L	H	E	I	H	N	N	J	Q	U	J	A	O	X
A	H	M	X	R	A	Y	A	T	B	E	O	U	S	A	P
H	J	U	A	K	M	M	Z	O	C	K	S	M	T	M	Z
W	S	I	S	H	M	A	E	L	W	X	A	U	O	M	I
A	I	D	T	H	J	Z	S	A	H	S	F	Y	S	N	Y
I	M	I	M	I	I	K	R	X	E	S	B	Q	W	O	U
Q	O	G	N	Q	C	M	T	E	N	H	W	V	E	N	I
G	Y	E	G	X	E	N	Y	Y	I	F	K	R	J	B	T

ABIJAH	AMMNON	CAIN
ER	GERSHOM	HUSHIM
IMNAH	ISHMAEL	JESUS
JOHN	MANASSEH	MIRIAM
OBED	REUBEN	SAMSON
SAMUEL	TOLA	

21. God Fearing Women

C	D	E	B	I	E	Y	F	J	G	C	M	S	D	C	E
S	H	S	T	S	J	O	C	H	E	B	E	D	A	Y	T
J	A	T	Z	A	J	A	B	I	G	A	I	L	R	C	Q
L	X	H	S	R	T	F	M	C	N	O	R	Y	Z	X	U
D	R	E	I	A	F	E	F	I	L	N	N	F	O	L	L
E	Q	R	A	H	H	G	A	L	R	K	E	X	N	E	G
B	H	K	E	B	N	J	D	O	O	I	B	Z	A	A	I
O	A	Q	M	A	R	T	H	A	Y	I	A	J	L	E	E
R	N	X	V	R	R	I	H	R	G	H	S	M	C	N	S
A	N	T	Z	A	Y	A	A	C	A	G	R	I	E	R	P
H	A	E	N	H	Z	M	C	K	G	V	N	L	T	A	C
P	H	R	R	A	K	N	E	H	L	U	A	U	I	A	M
J	O	G	U	B	X	B	T	L	E	D	D	D	J	K	F
N	B	A	A	T	E	Q	P	G	G	L	Y	A	L	S	B
R	P	D	U	R	H	N	O	A	I	L	I	U	V	D	Z
J	Q	L	Q	A	G	Q	M	V	W	A	V	Y	U	R	V

ABIGAIL   DEBORAH   ESTHER
EUNICE   HANNAH   JAEL
JOCHEBED   LOIS   LYDIA
MAGDALENE   MARTHA   MARY
MIRIAM   RACHEL   RAHAB
REBEKAH   RUTH   SARAH

22. Men who Lied

```
M K L Y L C T V Y T H B F M N W
R T K U L M A Z S A R A H A I M
X T P B E O B A D I A H Z W J F
W H Z E K U A E F G T L M E I B
I S F T T Y P E L I S H A L S Y
S A S I A E O R A C H E L H N P
A M A C Y M R W R Y Y X P A D M
A S U X X J N C P E H V T T A Q
C O L I F E A B A O Z A A H T M
I N Y N Z Z R N B I S L A A Q E
R R P Y R E A P A V N R V G Z I
N C V S V B R O P N B J G E H K
R G R M A E J N Z A I H D H R A
V Y Y L K L E E D K F A I A G J
L H M R P A U L J V A W S Z O P
Z V Q S A P P H I R A R W I A Z
```

ABRAHAM   ANANIAS   CAIN
ELISHA   GEHAZI   ISAAC
JEZEBEL   LABAN   OBADIAH
PAUL   PETER   RACHEL
SAMSON   SAPPHIRA   SARAH
SATAN   SAUL

23. Hall of Faith

Y	F	R	P	Q	U	A	N	D	J	R	U	E	Y	W	K
U	R	J	E	P	H	T	H	A	H	I	V	D	W	T	H
B	E	I	X	J	R	B	R	E	L	I	S	H	A	A	L
E	D	Y	Y	P	R	K	E	A	F	L	K	B	J	L	N
J	D	A	N	I	E	L	K	B	H	T	F	I	O	J	B
E	P	I	V	J	G	E	E	E	L	L	L	R	S	A	N
R	Z	V	V	I	W	N	T	L	J	E	S	L	H	C	A
E	L	E	E	A	D	O	R	E	L	K	G	A	U	O	U
M	Z	X	C	P	V	C	V	H	Q	B	R	A	A	B	C
I	X	Y	G	H	K	H	P	M	O	S	E	S	W	P	B
A	D	I	I	K	A	E	O	H	H	V	Y	N	M	O	H
H	M	N	W	Q	S	R	J	A	G	N	O	T	Y	N	Q
B	D	O	Z	O	F	J	I	R	H	E	T	K	H	K	X
M	C	A	J	N	Y	A	J	A	D	X	I	W	H	D	R
M	S	H	T	G	S	P	D	I	H	L	Y	R	V	R	T
V	J	D	S	I	M	D	G	C	S	A	D	N	L	J	F

ABEL	DANIEL	DAVID
ELIJAH	ELISHA	ENOCH
GIDEON	ISAIAH	JACOB
JEPHTHAH	JEREMIAH	JOSEPH
JOSHUA	MOSES	NOAH
RAHAB	ZECHARIAH	

24. Mounts

```
I K Y X F L U E M Q X P Y J C C
Y G I L E A D N A H A I P T N B
E G P D E V T S B R A U Q T I Y
W Y U A S T H V H N A Z I O N S
A N U F U A B Z I E A R V D K M
Z F P G I E C S A X P E A A L F
S S R R R Y A I A J H K T K Q
Y I O O Y X M N R O Z S E E W C
O M H Y A Q U O W M F T D R S N
N M F R D P C L J A E H P S Z G
E T S D S E S I R A H L O B L A
B E R E T V S V J K T T A R S F
O P O H I X U E E C J V N A A W
K C F D Y R C S L U L U N A K R
P T Z N E K Q U B B B J Z Q A D I
H E R M O N C U R V H E N Y X T
```

ARARAT	CARMEL	GILEAD
HERMON	HOR	HOREB
MORIAH	NEBO	OLIVES
SEIR	SHEPHER	SINAI
ZION		

25. Warriors & Soldiers

L	F	J	G	X	D	J	Z	J	E	O	L	B	D	O	F
T	A	L	M	A	I	O	J	A	S	A	U	L	R	K	L
G	C	A	K	S	J	S	C	H	S	A	M	S	O	N	J
O	C	K	Q	A	F	H	S	H	E	S	H	A	I	U	U
L	E	X	F	P	B	U	L	T	T	B	U	L	D	E	G
I	K	G	V	H	G	A	L	I	A	S	A	U	L	M	I
A	V	G	R	I	M	E	M	H	B	P	W	O	M	N	D
T	O	V	G	I	A	H	A	O	H	L	D	G	A	K	E
H	R	Y	N	J	A	X	N	A	E	Y	H	H	L	A	O
W	D	A	W	L	K	E	R	B	K	J	T	E	K	E	N
N	W	W	O	A	B	O	A	U	P	A	H	D	N	L	Y
A	S	K	N	I	B	O	B	E	N	A	I	A	H	H	C
M	R	A	B	E	J	P	N	O	S	S	T	V	J	A	O
L	T	H	D	G	D	D	J	A	Y	X	L	I	U	N	S
E	S	L	D	E	B	O	R	A	H	H	H	I	D	C	A	L
I	F	O	K	C	O	M	R	I	J	M	T	K	N	N	T

AHAB	ANAK	ANIMAL
ASAHEL	BENAIAH	DAVID
DEBORAH	ELHANAN	GIDEON
GOLIATH	ISHBIBENOB	JAEL
JOAB	JONATHAN	JOSHUA
LAHMI	OG	OMRI
SAMSON	SAPH	SAUL
SHESHAI	TALMAI	

26. Rivers

```
P Q V W F L E Q B I X K J Y B A
G W D M A L N K N B D R O S A E
A P J B I C X C C P A D H C B T
A P L N W N W K G H B R C P Y E
L M V V U Y K G K J E F N O L S
X K X T M P S I H A B B T O O J
K T J A B B O K S T H I A Z N O
T I H A B O R F C H I A K R O R
P G P O T Q Q R Z R O B N A B D
I R O A H R A P E O R N M B M A
S I U E U P H R A T E S S A F N
T S P A Z K Y G I H O N Y N S U
O M G X H G S I K B M B F A D Z
N P A C K A U M J I I V C H I C
J Z F Z T X V X I S K Y H F P X
R W Z H R R U A X E H F M H N O
```

ABANAH	AHAVA	ARNON
BABYLON	CHEBAR	EUPHRATES
GIHON	HABOR	JABBOK
JORDAN	KAHAN	KISHON
NILE	PEOR	PISTON
TIGRIS		

27. Wilderness

L	C	L	F	V	R	A	P	S	N	V	U	C	N	U	K
D	Y	W	D	U	E	D	A	G	S	D	G	E	O	A	B
L	T	L	J	M	E	V	R	G	H	Z	R	F	E	A	I
D	R	B	X	D	U	S	A	I	U	X	W	A	O	X	S
X	T	Z	E	E	C	I	N	B	R	I	D	M	T	U	V
K	S	J	V	T	N	N	R	E	Z	U	Q	S	L	B	S
J	J	V	Q	V	H	G	B	O	J	E	D	O	M	E	C
J	E	R	U	E	L	A	E	N	Q	L	A	J	F	E	K
D	S	F	A	Z	H	A	V	D	Q	A	I	U	M	R	E
A	D	Z	K	H	I	U	Q	E	I	M	U	D	F	S	D
M	M	Q	I	A	A	N	U	P	N	O	G	A	Y	H	E
A	S	P	Y	P	D	S	I	N	A	I	Z	H	M	E	M
S	N	V	O	T	H	E	D	R	Y	Z	I	A	K	B	O
C	V	V	P	I	N	I	S	S	H	U	H	U	Q	A	T
U	U	A	N	Y	Q	Q	J	H	K	T	Z	P	C	S	H
S	X	T	E	K	O	A	G	W	E	J	X	R	R	T	Y

BEERSHEBA   BETHAVEN   DAMASCUS
EDOM   ENGEDI   ETHAM
GIBEON   JERUEL   JUDAEA
JUDAH   KADESH   KEDEMOTH
MOAB   PARAN   SHUR
SIN   SINAI   TEKOA
ZIN   ZIPH

28. Family Tree- Abraham

```
Z T N J L L X P N A B B T P J V
Z J B I S H M A E L H Z R U D O
F J O K S H A N C N C I S E R X
Z L N K E X Z D X G B E M I Y V
W Z Q R T M D S H U A H X X I C
I I N C E J L E D M Q I O T U M
S M S X R G O P B T S E P D F L
G B C Q A L Q T E B M C E J V X
B A O I H B S M C L Y E D I C A
A B M Q Q C R L K U E J D S T T
M W H I T M M A B M G G B A P B
Q E G Y D U J S H O Q Y Q A N Z
H A G D R I U R L A Y B I C K H
E N Z E R Q A V J G M U D U E B
Y E S L L W G N Y X M X S H E C
V G N A H O R V X G D H B Z R M
```

ABRAHAM   DEBBY   GBEMI
IS GBAM   ISAAC   ISHMAEL
JOKSHAN   MEDAN   MIDIAN
NAHOR   PELEG   REY
SERUM   SHUAH   TERAH
ZIMBABWEAN

Bible Puzzle Book for Adult & Kids

JESUS

- Then Jesus declared, I am the bread of life. Whoever comes to me will never go hungry, and whoever believes in me will never be thirsty. **John 6:35**

- When Jesus spoke again to the people, he said, I am the light of the world. Whoever follows me will never walk in darkness, but will have the light of life."**John 8:12**

- I am the door; if anyone enters through Me, he will be saved, and will go in and out and find pasture. **John 10:9**

- I am the good shepherd; the good shepherd lays down His life for the sheep. **John 10:11**

- I and the Father are one." **John 11:30**

- Jesus said to him, I am the way, and the truth, and the life; no one comes to the Father but through me. **John 14:6**

- If you ask Me anything in My name, I will do it. **John 14:14**

- I am the true vine, and My Father is the vinedresser. **John 15:1-2**

- I will not leave you as orphans; I will come to you **John 14:18**

Word Match Instructions

In a word match puzzle the user must match a word (or phrase) to its corresponding phrase. Bible knowledge is required for this activity, as words are shuffled, and user required to match words to its pair. Each puzzle has a heading that gives a clue of what is required, below is an example of a word match question and solution.

Puzzle #1
CIRCUMSTANCIAL

Twin	Ark
Dethrone	Samson
Fleece test	Goliath
Prophetess	Son
Giant	Mite
Jericho	Perez&Zerah
Noah	Vashti
Prodigal	Gideon
Widows	Deborah
Burning	Furnace
Gouged eye	Wall down

Puzzle #1
CIRCUMSTANCIAL

Twin	=	Perez&Zerah
Dethrone	=	Vashti
Fleece test	=	Gideon
Prophetess	=	Deborah
Giant	=	Goliath
Jericho	=	Wall down
Noah	=	Ark
Prodigal	=	Son
Widows	=	Mite
Burning	=	Furnace
Gouged eye	=	Samson

Puzzle #1
CIRCUMSTANCIAL HAPPENINGS

Twin	Ark
Dethrone	Goliath
Fleece test	Furnace
Prophetess	Samson
Giant	Deborah
Jericho	Gideon
Noahs	Vashti
Prodigal	Son
Widows	Wall down
Burning	Mite
Gouged eye	Perez&Zerah

Puzzle #2
MOTHER AND SON

Rachel	Isaac
Eve	Jokshan
Keturah	Boaz
Sarah	Jacob
Rebekah	Perez
Eunice	Obed
Bathsheba	Moses
Jochebed	Solomon
Ruth	Joseph
Naomi	Timothy
Tamar	Abel
Rahab	Mahlon

Puzzle #3
FIRST BORN CHILD

Manoach	Samuel
Jacob	Reuben
Adam	Manasseh
Abraham	Miriam
Amram	John
Elkanah	Cain
Zechariah	Gershom
Hezekiah	Samson
Obed	Ishmael
Moses	Er
Dan	Hushim

Puzzle #4
COUPLES

Abraham	Keturah
Xerxes	Elizabeth
Boaz	Drusilla
Lapidoth	Naomi
Aquila	Gomer
Zechariah	Ruth
Felix	Jezebel
Elimelech	Rahab
Hosea	Priscilla
Salmon	Deborah
Ahab	Esther

Puzzle #5
EVIL ACTS

Beheading	Cain
Defamation	Eve
Conspiracy	Reuben
Disobedience	Jezebel
Rape	Herodias
Stealing	Korah
Rebellion	Rachel
Licentious	PotipharWife
Murder	Amnon

Puzzle #6
FATHER DAUGHTER

David   Dinah

Jacob   Mirian

Amram   Tamar

Zelophehad   Micah

Saul   Zipporah

Jethro   Rachel

Laban   Hoglah

Asher   Serah

Puzzle #7
ANIMALS

Snake	David
Fish	Jonah
Lion	Eve
Plague	Jesus
Raven	Elisha
Dove	Egypt
Donkey	Noah
Dogs	Jezebel
Sheep	Daniel
Horse	Elijah

Puzzle #8
PLACE OF DEATH

Aaron	Mamre
Terah	Moab
Sarah	Ephrath
Rachel	Kadesh
Isaac	Egypt
Joseph	Mount Gilboa
Jacob	Cityof David
Miriam	Mount Hor
Moses	Hebron
Saul	Haram
David	Egypt

Puzzle #9
SERVANTS/MAIDS

Sarah	Zilpah
Rachel	Eliezer
Leah	Bilhah
Elisha	Hagar
Paul	Abishag
Mephibosheth	Ziba
David	Gehazi
Abraham	Alexander

Puzzle #10
CLOSE LINKS

Paul	Shadrach
David	Gomorrah
Job	Silas
Daniel	Hiram
Sodom	Iscariot
Abraham	Jonathan
Peter	Martha
Mary	Eliphaz
Judas	John
Isaac	Jacob

Puzzle #11
PARABLES

Farmer	Samaritan
Wheat	Fool
Good	Virgins
Old wine	Fig Tree
Rich	Midnight
Ten	Debts
Forgiven	Sower
Friend	Tares
Unfruitful	New wine

Puzzle #12
OCCUPATION

Judge	Aaron
King	Barnabas
Queen	Samuel
Fisherman	Luke
Priest	Nimrod
Doctor	David
Governor	Eliakim
Prophet	Shebna
Hunter	Hadassah
Teacher	Felix
Secretary	Deborah
Administrato	Zebeedee

Bible Puzzle Book for Adult & Kids

Bible Puzzle Book for Adult & Kids

FRIENDSHIP

- A friend loves at all times, and a brother is born for adversity. **Proverbs 17:17**

- A man of many companions may come to ruin, but there is a friend who sticks closer than a brother. **Proverbs 18:24**

- Greater love has no one than this, that someone lay down his life for his friends. **John 15:13**

- Do not be deceived: "Bad company ruins good morals. **1 Corinthians 15:33**

- Oil and perfume make the heart glad, and the sweetness of a friend comes from his earnest counsel. **Proverbs 27:9**

- He who withholds kindness from a friend forsakes the fear of the Almighty. **Job 6:14**

- Make no friendship with a man given to anger, nor go with a wrathful man, lest you learn his ways and entangle yourself in a snare. **Proverbs 22:24&25**

Word Search Instruction

In this word search puzzle, words are placed inside a grid of random letters. Words are searched inside the grid. The words could go in any direction from left to right, right to left, bottom to top, top to bottom, diagonal up or down. There are **2 or more incorrect answers** to cross out. The example below **Fullness** & **Surrey** don't fit into the category of men God helped.

Men God Helped

C	J	E	H	O	S	H	A	P	H	A	T	R	F	M	M
T	G	H	W	C	F	I	X	W	D	B	N	N	K	Z	J
L	W	J	W	D	D	F	P	C	N	O	S	K	T	D	H
Y	Y	M	D	S	P	I	D	K	M	S	Q	L	T	T	U
B	N	P	E	A	T	Y	Y	O	E	N	N	L	Y	V	P
W	B	E	A	H	K	S	L	N	Y	G	E	C	T	P	K
D	M	S	O	V	E	O	L	L	R	I	H	X	V	W	W
E	A	I	L	G	S	L	Q	E	N	V	N	D	R	F	Q
A	Y	W	P	I	U	U	H	A	I	V	S	Q	H	G	X
Q	Y	A	E	F	I	T	D	W	D	S	U	R	R	E	Y
Q	V	T	X	Z	S	H	O	F	S	A	B	K	F	R	U
K	A	I	B	E	A	L	U	H	T	C	V	W	P	B	R
N	V	L	Y	N	O	O	S	R	V	E	H	I	A	Z	X
S	P	N	O	F	A	A	K	L	K	V	M	H	D	T	J
Z	M	J	N	A	T	H	A	N	S	O	A	J	G	Z	B
N	V	A	D	Y	V	L	A	J	R	R	T	S	S	R	G

ASA DANIEL DAVID
ESTHER FULLNESS JEHOSHAPHAT
JONAH NATHAN RAHAB
SOLOMON SURREY

Men God Helped - Solution

29. Old Testament Offering to God

M	H	I	H	M	U	A	L	M	S	G	I	V	I	N	G
G	T	F	T	H	G	B	T	R	E	S	P	A	S	S	P
V	R	N	J	C	X	U	P	T	E	D	M	H	K	X	B
F	F	A	F	S	I	N	I	C	L	W	F	V	Q	B	A
S	I	Z	I	T	H	Q	A	L	I	A	X	D	K	L	E
A	R	V	X	N	L	E	Z	S	T	V	H	Z	H	C	K
T	S	C	Q	D	P	B	P	T	F	E	K	U	I	H	G
O	T	X	D	A	N	C	E	O	W	N	Y	F	L	E	F
N	F	P	U	U	B	B	I	I	I	K	I	Q	I	A	M
E	R	F	A	O	G	U	A	R	T	R	N	G	Q	V	D
M	U	P	E	H	C	R	D	Z	C	I	Y	W	U	E	V
E	I	X	T	R	O	N	G	A	J	A	T	O	I	R	K
N	T	W	W	L	I	T	S	M	C	O	W	H	D	Z	E
T	S	Z	N	A	A	N	Q	Z	F	M	Y	G	E	S	A
V	S	G	A	I	A	Z	G	J	E	M	S	Q	S	S	J
F	R	E	E	W	I	L	L	R	A	V	Z	L	A	A	U

ALMS GIVING ATONEMENT BURNT
DANCE DRINK FIRST FRUITS
FREEWILL GRAIN GUILT
HEAVE LIQUID OFFERING
PEACE SACRIFICE SIN
TITHES TRESPASS WAVE

30. Human Body

X	D	M	B	T	H	C	S	O	H	E	A	D	L	E	A
E	F	L	A	N	K	Z	D	N	N	L	M	U	U	C	K
G	Z	U	L	F	Z	T	W	F	F	J	E	T	W	E	U
P	M	D	Z	I	K	O	D	A	T	J	U	G	I	X	K
N	O	S	E	N	N	N	O	C	L	Y	Q	X	S	A	N
V	D	F	X	G	E	G	E	E	Y	G	M	M	D	T	O
H	S	H	Y	E	E	U	J	E	K	I	D	N	E	Y	J
E	H	E	S	R	M	E	S	S	V	E	T	V	H	I	N
E	O	A	R	S	K	D	M	Y	V	A	G	P	T	R	H
N	U	R	T	N	N	R	H	A	I	R	K	R	E	H	H
J	L	T	A	A	A	K	G	J	L	A	J	V	U	T	H
B	D	Y	H	M	C	L	K	A	D	P	I	B	E	G	V
H	E	O	I	E	O	S	S	S	H	L	B	E	I	A	B
G	R	S	N	D	M	U	I	C	Z	S	T	I	P	Z	G
I	J	K	D	S	K	K	T	T	H	I	G	H	L	D	U
Y	T	W	U	D	B	I	Z	H	X	N	Y	B	R	Y	W

ARMS	EAR	FACE
FINGERS	FLANK	HAIR
HANDS	HEAD	HEART
KIDNEY	KNEE	LEGS
LIVER	MOUTH	NECK
NOSE	SHOULDER	TEETH
THIGH	TONGUE	

31. Long Wait/Delay

```
P J D I B V I A B R A H A M J
L H Q V J O S E P H Z W F Y N V
R F U B I P I G A P L L G O A J
E J W A Q S Q N U Q H Q E I B O
B T P Q J W A L L F E M I M R C
E C O R N E L I U S I B H A A H
K T H O S E A C P S O M M R H E
A F S A M U E L A J L W I Y A B
H J S I M E O N R L N O A H M E
L A A H N P R H D A E X D K Y D
O C T H A Y Z A S A C B K L B A
R O M S D N T N A R V H B D S Z
Q B W O L N N R G Q I E S Q R
U K G E S S U A A H G L D L H B
A Z G E Y E T H H N L M H E R C
C N O V K Y S B S F B C Z E C K
```

ABRAHAM	CALEB	CORNELIUS
DAVID	HANNAH	HOSEA
JACOB	JOB	JOCHEBED
JOSEPH	MARY	MOSES
NOAH	PAUL	RACHEL
REBEKAH	SAMUEL	SARAH
SIMEON		

32. Servants

P	R	N	Z	A	U	U	M	J	D	D	K	H	I	C	H
X	L	H	R	E	B	E	B	I	U	E	J	Z	Y	R	A
O	I	L	S	O	T	R	L	T	F	M	L	I	I	E	N
S	S	M	I	R	K	I	A	I	A	A	Q	B	X	S	D
S	O	G	E	D	H	R	B	H	A	S	M	A	U	C	T
U	U	H	W	G	U	G	A	E	A	K	C	V	W	E	D
Q	S	H	Z	I	L	P	A	H	S	M	I	K	E	N	A
A	O	J	J	N	Q	M	V	U	K	Z	H	M	L	S	L
F	Y	M	B	A	R	I	T	O	A	A	K	S	I	K	E
E	H	M	P	Q	C	I	F	H	L	R	I	X	E	E	X
I	R	C	H	Y	T	O	E	I	A	X	J	E	Z	I	A
V	S	B	D	K	S	G	B	G	V	Y	Y	U	E	S	N
T	Q	K	K	A	P	C	A	S	O	S	I	K	R	A	D
N	H	Y	G	N	N	H	Z	K	Q	G	W	K	M	A	E
Q	A	K	Z	E	R	U	B	B	A	B	E	L	I	C	R
H	O	W	R	H	O	D	A	B	I	S	H	A	G	M	J

ABISHAG   ABRAHAM   ALEXANDER
ASHER   BILAH   CRESCENS
DAN   DEMAS   ELIAKIM
ELIEZER   GEHAZI   HAGAR
ISAAC   JACOB   RHODA
TITUS   ZERUBBABEL   ZIBA
ZILPAH

33. Conspirators & the Plague

```
V A G E D A T H A N C Y T T N M
S T N I D S L I V E S T O C K Z
M Y T A G A T O V X S L I O B S
Z E Q O N Y R J C D N M G G G K
Z Q R X G I N K O U E C M N D Q
S F R N Q G A O N D S A V X Z K
W F N O N Z L S N E R T L B T D
C J Q Z O B S A A I S G N A T S
O E E Q A E P K B P H S L S A P
V Y T Z I E S A O V P S L W K L
I W J L E T M U X R U H U P O D
D M F F M B C N N H A H I B H B
T B O I L S E A C D W H T R Q R
T V K H Q Q C L X L A F W X A R
D T Z X V X A X U Y C Y B A J C
Z T J F B M G A L J G A K B D J
```

ABIRAM   ANANIAS   BLOOD
BOILS   COVID   DARKNESS
DATHAN   FLIES   FROGS
GNATS   JEZEBEL   KORAH
LIVESTOCK   LOCUST   MALCHUS
PANDEMIC   SAPPHIRA   SUNDAY

34. Household items

```
C M P F O J E P E V M D G J N Z
Y B O B Y Y L C X P P A I F G A
I B S D B K A N B L J O B S D Q
D D P J M Q I G U A E E T S H C
C C I U A S L P S T V X N H F X
C I C L A I J L H E L T I O O F
A R E B O N O W E S A W D V K E
M C S G S A L T L Z O N S E G Z
W C A V V J X H Y L A K A L R D
J C P N M H S M L P G E Z H F M
Q H O O D V S I N F L O U R L I
U F S N X L P K Z I P K E V A R
F A J O Z C E J Z U G N L E V R
A N A D A J U U K X I A N F O O
Z S R N K P E P C W I A Z Q R R
J O M W E P Y V S L H A A P V H
```

BASIN   BUSHEL   CANDLE
CUPS   DISH   FLAVOR
FLOUR   JAR   MIRROR
OIL   PAN   PILLOW
PLATES   POT   SALT
SHOVEL   SOAP   SPICES
WINE

35. Old Testament Books

L	J	U	Z	E	P	H	A	N	I	A	H	Z	F	H	S
D	H	R	O	L	J	C	L	E	V	I	T	I	C	U	S
V	G	W	U	K	H	N	J	H	P	Q	P	X	N	G	U
T	Z	Y	O	V	H	A	U	E	A	H	M	X	O	X	Y
H	E	L	N	D	L	F	B	M	R	M	Y	T	S	N	S
R	C	V	M	I	C	A	H	A	B	E	O	P	I	I	C
N	H	A	G	G	A	I	U	Q	K	E	M	S	U	G	H
E	A	O	E	Z	E	J	I	X	A	K	R	I	S	S	R
H	R	D	Z	J	W	R	A	Q	W	J	U	S	A	E	O
E	I	G	E	M	A	L	A	C	H	I	B	K	E	H	N
M	A	Y	K	F	B	T	G	D	O	L	L	V	A	W	I
I	H	U	I	J	D	H	W	W	E	B	D	I	A	Q	C
A	B	B	E	U	O	Y	V	I	S	O	D	F	T	X	L
H	E	A	L	R	D	E	N	Y	J	A	U	X	G	G	E
J	X	Y	G	U	P	A	L	Q	B	B	D	R	U	C	S
G	B	X	M	S	D	K	E	O	S	N	L	W	N	W	W

AMOS	CHRONICLES	DANIEL
EZEKIEL	HABAKKUK	HAGGAI
JACOB	JEREMIAH	JOEL
LEVITICUS	MALACHI	MICAH
NEHEMIAH	NUMBERS	OBADIAH
ZECHARIAH	ZEPHANIAH	

36. Books by Apostle Paul

```
H B Q M V L U K E K K Y X R D U
Z X Q J A M E S Y Y W W H I J F
R E V E L A T I O N G K E Y R C
Q C O L O S S I A N S B B B P M
P K N C F N Q J U D E U R X Y V
H P O J O I S G S H J Y E C R P
I E N E O R F T A M M T W J O H
L N S L P H I G I L G E S R M I
I F W T L H N N P T A J I U A L
P B L D H S E T T E U T V T N E
P T Z H Y E A S R H T S I H S M
I K M J P C R C I K I E J A U O
A C K T V J V X T A J A R P N N
N P A N I Y A G S S N L N N Y S
S A O E T I T U S M I S G S X B
R U O P H A O R K T I M O T H Y
```

ACTS COLOSSIANS CORINTHIANS
EPHESIANS ESTHER GALATIANS
HEBREWS JAMES JOHN
JUDE LUKE PETER
PHILEMON PHILIPPIANS REVELATION
ROMANS RUTH TIMOTHY
TITUS

37. Bible Authors

W	L	U	O	M	O	R	D	E	C	A	I	J	S	H	T
O	N	U	F	H	V	V	W	H	M	O	S	E	S	A	H
J	R	A	T	C	W	K	S	O	L	O	M	O	N	P	U
U	J	U	H	K	F	I	E	M	P	N	I	H	M	Y	F
D	L	E	B	U	Y	M	J	J	H	T	Y	E	A	F	H
E	W	B	R	Q	M	S	D	O	J	R	G	Z	T	S	W
Z	H	G	O	E	S	V	J	A	E	N	Z	R	H	Y	Z
S	L	I	P	S	M	Z	Q	O	V	W	B	A	E	M	Z
B	Y	B	E	A	L	I	X	G	S	I	M	J	W	A	J
J	R	K	T	M	I	U	A	D	E	H	D	P	L	R	O
A	I	Z	E	U	J	P	K	H	A	Z	U	H	D	K	B
C	O	S	R	E	P	C	U	E	P	N	E	A	X	Z	H
L	A	H	A	L	X	H	M	X	A	H	I	K	F	J	K
J	A	C	S	I	X	A	G	A	U	X	F	E	I	A	I
M	H	N	I	T	A	Y	K	E	L	N	U	J	L	E	A
R	A	M	I	Y	E	H	A	M	X	E	U	M	J	W	L

DANIEL   DAVID   EZEKIEL
EZRA   ISAIAH   JEREMIAH
JOB   JOHN   JOSHUA
JUDE   LUKE   MARK
MATHEW   MORDECAI   MOSES
NAHUM   PAUL   PETER
SAMUEL   SOLOMON

38. Daughters

P	T	I	R	Z	A	H	J	Q	O	M	M	U	X	W	K
R	H	G	R	D	Q	E	L	I	S	H	E	B	A	L	H
E	J	K	N	W	I	G	B	Z	S	H	P	E	M	M	I
B	E	K	E	H	L	N	S	A	U	E	O	V	D	A	U
E	H	U	L	Z	N	J	A	I	S	I	R	G	H	H	B
K	O	O	C	E	Z	A	H	H	Q	E	D	A	L	L	X
A	S	S	D	N	A	J	A	M	J	T	M	F	H	A	L
H	H	A	R	W	V	H	W	M	I	Z	A	A	C	H	H
M	E	B	M	A	Z	P	R	A	A	L	B	M	T	M	S
A	B	I	M	A	C	T	D	R	M	H	C	E	A	H	M
R	A	G	T	I	H	H	I	Y	Z	S	J	A	Y	R	K
T	Z	A	U	F	R	A	E	M	F	H	F	V	H	Z	W
H	A	I	T	W	F	I	L	L	N	R	R	I	U	N	G
A	T	L	A	B	X	C	A	A	R	A	B	K	C	T	B
A	F	S	L	O	W	U	O	M	T	C	L	J	Z	E	K
Z	Z	J	Z	F	V	M	U	U	I	H	N	O	A	H	U

ABIGAIL BASEMATH DINAH
ELISHEBA HOGLAH JEHOSHEBA
LEAH MAHALATH MAHLAH
MARTHA MARY MILCAH
MIRIAM NAAMAH NOAH
RACHEL REBEKAH SERAH
TAMAR TIMNA TIRZAH

39. Friends

```
B A I M B W C G S H A D R A C H
D L E P A P H R O D I T U S Q J
R J X R K R A H I A A A B L L P
Z L E A U Q T A B N Z Y U V A U
O E E S P C T H H I P A B C Z Q
P B L O U T K S A E P A Z Z A J
H X A I I S H W B L U E D B R A
A S D B P Q H A N U N O T I U B
R V J N E H M E S H A C H L S I
J O B O J D A T G H H G N D C A
W A S O N X N Z E Z I W Y A V T
J X M W Z A J E U K R A Y D V H
N G L A R Y T O G O A C Q D T A
C V J K R J P H K O M T T Z H R
A N T L D Y H Y A D H Y O D Z W
U D A V I D H C Q N S D F R O E
```

ABEDNEGO   ABIATHAR   BILDAD
DANIEL   DAVID   ELIPHAZ
EPAPHRODITUS HANUN   HIRAM
ITTAI   JESUS   JOB
JONATHAN   LAZARUS   MARTHA
MARY   MESHACH   PAUL
SHADRACH   ZOPHAR

40. The Holy Spirit is the Spirit of

O	Y	H	Q	S	O	N	Y	J	J	T	E	H	F	G	S
C	T	L	I	V	I	N	G	G	O	D	R	D	L	O	N
O	W	R	K	V	I	Q	G	Z	W	C	L	L	I	O	J
M	A	V	U	E	T	L	R	R	C	N	T	I	L	D	U
F	O	D	N	T	V	Z	H	O	A	K	X	U	T	S	D
O	R	Z	O	I	H	C	O	E	K	C	H	M	M	P	G
R	Y	L	S	P	J	G	G	Q	L	P	E	R	U	I	M
T	X	J	W	Z	T	D	E	Y	O	S	Z	P	J	R	E
E	L	J	D	I	E	I	C	C	R	E	N	G	E	I	N
R	X	O	G	L	S	E	O	C	D	E	M	H	T	T	T
G	G	D	W	L	H	D	X	N	Y	E	T	S	Z	R	B
T	S	O	K	P	O	Z	O	C	E	A	I	E	M	R	L
E	N	N	O	E	K	R	W	M	F	R	F	Z	Y	W	U
K	B	R	R	T	U	H	Y	Y	H	I	T	H	Y	H	M
Q	P	T	I	E	H	N	L	C	L	W	N	Q	E	N	A
H	X	M	M	C	O	U	N	S	E	L	L	B	Z	T	D

ADOPTION   CHRIST   COMFORTER
COUNSEL   FATHER   GLORY
GOD   GOOD SPIRIT   GRACE
JUDGMENT   KNOWLEDGE   LIFE
LIVING GOD   LORD   PROPHECY
SON   TRUTH   WISDOM

41. Animals

```
G P F H A C P H E I F E R M Y H
D T A X S N C D E G W U L O Y Z
Z P Y F C H L A C I O Y H E S U
X T I R F A E N L A D A K G G T
V D D O V E O E O F K N T Q N E
X D Y N K I F S P B O S F G S T
P O R A L S J X K D J L Z R I U
I G N A H S D M U R O Q O T C R
G S K F Q H X X K W B H C Y L T
E P L R Y R O S S N A R Y R L L
O P M O V A U I R T T B X J A E
N R U G T V V J T U P J P N M D
D G P U E E A A W F I S H N B O
K D F K K N N V L Q U A O G I V
H V I X A G T O C G A L O K L E
T L M V Z G B W B E A R A M Z Q
```

ANT	BAT	BEAR
CALF	DOG	DONKEY
DOVE	FISH	FROG
GNAT	GOAT	HEIFER
HORSE	LAMB	LION
PIGEON	RAVEN	SHEEP
SNAKE	TURTLEDOVE	WOLF

42. Edibles

D	C	I	C	G	E	S	W	W	P	V	E	R	H	U	O
D	G	U	L	T	E	X	N	T	W	Q	M	M	F	X	L
A	N	A	C	M	G	W	B	I	B	G	R	A	P	E	S
E	V	E	U	U	F	A	U	D	L	Z	L	N	H	B	Y
J	T	G	W	I	M	L	P	I	A	J	V	N	P	R	N
P	E	C	O	R	N	B	A	P	C	T	K	A	W	E	W
L	H	G	G	S	P	U	E	J	L	H	E	X	H	A	W
S	T	D	O	O	Q	D	I	R	L	E	I	S	V	D	F
O	X	F	Z	U	N	Z	R	C	R	H	I	C	W	M	H
L	G	P	C	X	R	I	D	C	K	F	R	W	O	F	J
R	M	N	I	Y	N	D	O	Z	S	K	M	H	M	R	I
C	H	E	R	B	S	K	S	N	Q	G	N	E	P	U	Y
X	G	H	A	B	O	P	A	Y	S	A	A	A	K	B	V
Z	J	J	D	J	L	E	N	T	I	L	S	T	O	K	U
C	H	B	I	E	B	R	A	I	S	I	N	S	G	A	F
G	E	R	U	P	O	M	E	G	R	A	N	A	T	E	S

APPLE   BEANS   BREAD
CHICORY   CORN   CUCUMBER
DATES   FISH   GOURDS
GRAPES   HERBS   LEGUMES
LENTILS   MANNA   ONIONS
POMEGRANATES   QUAIL
RAISINS   WHEAT

43. King, Queen & Queen mother

E	Q	V	B	A	T	H	S	H	E	B	A	S	H	R	W
X	M	V	F	T	A	H	P	E	N	E	S	P	W	G	I
I	L	A	T	S	O	L	O	M	O	N	F	D	S	L	J
R	A	E	H	P	I	R	R	J	O	A	S	H	K	N	E
E	T	N	S	Y	J	R	F	J	C	I	S	L	I	Q	R
H	H	A	J	Q	Q	F	G	E	H	A	K	A	A	G	U
O	A	A	U	J	P	Q	R	Z	V	R	N	A	U	K	S
B	L	X	Z	M	A	K	U	E	L	D	C	D	O	L	H
O	I	Q	R	U	H	H	E	B	A	B	I	J	A	H	A
A	A	R	M	V	B	O	Z	E	E	X	D	C	J	C	H
M	H	H	S	A	A	A	A	L	H	I	M	E	R	Y	E
A	U	K	A	H	S	S	H	V	V	N	V	G	H	A	W
M	K	D	Y	Z	E	A	H	A	A	Z	X	R	M	U	Z
U	F	P	L	L	I	B	D	T	E	S	T	H	E	R	G
Z	T	F	I	Q	R	A	A	R	I	N	A	H	C	K	G
O	H	H	N	L	D	I	H	B	A	Y	B	R	G	C	Z

ABIJAH AHAZIAH ASA
ATHALIAH AZUBAH BATHSHEBA
CANDACE DAVID ESTHER
JERUSHA JEZEBEL JOASH
MAKU REHOBOAM SAUL
SHEBA SOLOMON TAHPENES
VASHTI

44. Names of JESUS

I	I	H	I	P	A	Y	I	O	L	A	Y	B	J	Y	B
M	V	B	R	R	T	D	S	K	L	Q	C	H	B	V	R
M	C	R	U	O	N	S	V	G	K	R	I	H	R	C	I
A	W	A	C	P	R	R	U	O	O	T	C	O	E	O	D
N	P	N	H	H	F	H	O	T	C	N	C	R	D	U	E
U	R	C	R	E	Y	B	A	K	A	A	A	Y	E	N	G
E	Y	H	I	T	H	E	C	R	D	G	T	R	E	S	R
L	S	C	S	U	R	O	B	C	E	Z	I	E	M	E	O
Q	W	C	T	C	R	P	M	M	T	M	J	U	E	L	O
O	X	L	Z	I	M	I	O	A	J	E	F	U	R	O	M
Q	H	E	O	V	I	C	A	A	S	V	A	Z	D	R	U
Q	B	M	E	R	P	Q	H	J	N	T	U	C	G	G	J
M	Y	N	S	B	D	P	L	A	M	B	E	R	H	V	E
I	O	E	H	W	L	Q	F	R	W	F	K	R	Q	E	M
M	E	D	I	A	T	O	R	N	I	D	F	S	W	X	R
T	I	J	N	R	L	C	W	O	N	D	E	R	F	U	L

ADVOCATE   ALPHA   BRANCH
BRIDEGROOM   CHRIST   COUNSELOR
CREATOR   IMMANUEL   JUDGE
LAMB   LORD   MASTER
MEDIATOR   OMEGA   PROPHET
REDEEMER   ROCK   TEACHER
WONDERFUL

45. Israelite Judges

O	E	M	R	U	Y	U	G	K	S	O	O	Y	O	O	U
Z	K	Z	N	Z	Y	S	O	I	U	X	D	S	S	H	Q
X	F	W	C	A	X	W	K	F	D	J	S	Z	Q	Z	D
S	E	L	P	I	F	T	Z	O	O	E	R	X	H	H	R
N	E	L	O	N	Z	S	D	A	L	W	O	U	P	Q	H
P	H	Y	G	G	G	K	N	W	C	T	U	N	V	Y	Q
L	D	W	S	S	H	A	M	G	A	R	I	D	T	D	U
J	D	N	E	I	P	Z	Z	O	U	F	U	U	Q	I	J
E	E	L	T	B	G	Q	J	Z	Z	H	A	P	P	M	H
P	B	U	I	Z	I	N	L	N	E	T	J	B	J	D	I
H	O	Q	D	A	O	B	O	N	J	W	R	T	D	A	I
T	R	F	T	N	Z	S	T	J	D	A	A	E	C	O	B
H	A	K	S	A	M	W	O	T	H	N	I	E	L	A	N
A	H	T	W	A	X	Y	G	R	D	Q	M	R	L	P	W
H	C	Y	S	P	Z	P	Q	S	L	Z	Q	O	G	F	Z
F	W	F	P	P	M	B	L	K	P	B	T	E	Y	T	N

ABDON	DEBORAH	EHUD
ELON	GIDEON	IBZAN
JAIR	JEPHTHAH	OTHNIEL
SAMSON	SHAMGAR	TOLA

46. Tribes of Israel

K	N	V	G	W	G	Y	I	Q	A	A	T	U	B	M	V
G	W	D	A	Q	D	L	O	L	G	O	H	X	Q	S	L
D	Y	Q	J	S	R	H	W	R	E	T	A	T	R	O	J
G	S	E	S	T	H	M	Z	V	C	V	I	Q	Q	O	D
W	S	J	F	X	D	E	J	E	Z	G	I	O	H	Y	X
L	B	B	X	R	S	P	R	U	D	A	N	B	S	F	Z
E	E	U	I	Y	U	R	P	T	D	A	O	G	A	D	E
D	N	P	E	P	H	R	A	I	M	A	T	K	C	N	B
U	J	O	U	W	X	B	B	A	P	Y	H	U	O	R	U
C	A	K	P	S	Y	T	D	G	Q	T	C	E	X	E	L
T	M	Y	G	E	S	B	G	F	J	S	M	S	L	U	U
M	I	I	S	S	A	C	H	A	R	I	V	X	W	B	N
D	N	N	I	Y	V	G	X	F	S	W	E	J	O	E	X
B	O	P	G	B	L	O	C	A	H	V	X	G	D	N	N
N	R	O	N	L	X	Z	Y	H	U	K	N	A	E	H	P
W	L	V	N	M	H	H	N	A	P	H	T	A	L	I	U

ASHER	BENJAMIN	DAN
EPHRAIM	GAD	ISSACHAR
JUDAH	LEVI	NAPHTALI
REUBEN	SIMEON	ZEBULUN

47. Lineage of Judah

```
Q V F N U U Q K Z I H F Y O N M
G S D A V I D A P O L Q G Q Z N
U V I Q S P O I I E I T A H O S
W O O E S B U Q N J A C O B K J
X A H G H X E A A B I G A I L E
Y M S Y I E H F S G M J W F S L
O I A E M T L E A P W I O S H H
Z N F R E K R I O Z O B E D A A
E A Q N A A Z V A E M J K D F B
R D Q E H M C Y T B I F U O P I
U A N P S G B E N G A J V S C N
I B T O D R T N A A S A O N D A
A V O A Z B O I F O B J R O A D
H R J S D E J M Z S A L M O N A
A M R V U H N O A B I O D U N B
C P H X R A D D A I J P X W I A
```

ABIGAIL   ABINADAB   ABIODUN
AMINADAB   ARAM   BOAZ
DAVID   ELIAB   ESROM
GBENGA   JACOB   JESSE
JUDAH   NAASAON   NETHANEL
OBED   OZEN   PHARES
RADDAI   SALMON   SHIMEA
ZERUIAH

48. Second Chance

D	V	B	J	Z	H	E	Z	E	K	I	A	H	O	D	H
F	P	A	K	A	X	S	O	C	J	F	A	E	I	T	G
D	N	B	E	C	P	X	E	V	T	Y	M	L	U	H	M
A	K	I	J	C	G	A	L	L	M	X	E	R	X	E	S
V	H	G	O	H	L	V	F	N	Z	A	P	I	A	E	K
I	N	A	N	E	D	L	O	R	U	O	I	S	B	E	A
D	G	I	A	U	P	E	E	X	Q	C	Y	A	R	C	K
Z	H	L	H	S	D	T	N	A	O	M	I	A	A	W	L
I	I	E	E	I	E	F	I	N	D	V	Q	C	H	B	S
V	Q	K	G	P	H	L	O	I	B	O	M	I	A	U	G
M	M	O	S	E	S	S	O	S	P	A	N	H	M	B	H
Y	G	M	Q	R	M	L	A	P	H	Q	A	I	K	Y	E
K	R	W	P	A	X	C	P	A	A	R	V	Y	J	K	J
G	T	S	S	B	R	H	R	C	V	U	D	R	X	A	O
O	O	B	K	O	K	B	E	Y	W	T	L	J	Q	J	H
Q	H	F	D	H	A	B	A	T	H	S	H	E	B	A	Q

ABIGAIL ABRAHAM ADONIJAH
BATHSHEBA DAVID DORCAS
GIDEON HEZEKIAH ISAAC
JONAH MOSES NAOMI
PAUL PETER RAHAB
RUTH SAMSON XERXES
ZACCHEUS

49. Places Jesus Went To

B	K	U	Z	G	G	D	D	G	F	Z	S	A	D	N	L
G	P	L	W	E	O	A	Z	T	I	N	G	G	E	B	B
R	T	J	J	T	L	J	D	I	G	N	E	K	C	E	P
S	B	M	E	H	G	M	N	A	R	P	D	Q	A	T	B
B	E	O	R	S	O	U	A	J	R	B	U	T	P	H	W
M	T	U	U	E	T	R	I	B	A	E	L	C	O	S	Y
N	H	N	S	M	H	U	N	H	E	Y	N	Z	L	A	I
T	L	T	A	A	A	J	H	G	N	T	X	E	I	I	C
E	E	A	L	N	A	T	O	I	P	F	H	C	S	D	S
M	H	I	E	E	E	Z	Z	R	U	D	O	A	J	A	O
P	E	N	M	R	O	A	H	Y	D	R	I	U	N	H	F
L	M	D	A	Q	R	F	K	V	R	A	Z	Z	C	Y	Q
E	C	Z	Z	O	T	C	A	N	A	R	N	I	Y	Y	O
U	A	H	H	N	Z	P	K	X	H	E	R	N	P	S	F
N	E	C	H	G	Y	W	C	A	P	E	R	N	A	U	M
I	K	C	N	Z	A	R	F	O	J	K	S	I	S	N	S

BETHANY BETHLEHEM BETHSAIDA
CANA CAPERNAUM CHORAZIN
DECAPOLIS GADARENES GETHSEMANE
GOLGOTHA JERICHO JERUSALEM
JORDAN MOUNTAIN NAIN
NAZARETH TEMPLE

50. Jesus' Birth & Death

```
W X Q R Y Z B Q O Z C W F M T T
A O N A U B I A Y I W L S S I Y
L N T W F A R P Y R A I D D T W
A R K S W E T F E H T G E W E U
B T S X M Q H U T P S Y B B M A
A X O V N B S O A H A S X T P T
S G O M B T G B T R G I P R T R
T E U H B L Y A P F J Y J I A A
E T N C O O E I U W R Q S U T N
R H S G C D F B U R I E D M I S
S S C N H R G B P R P D M P O F
H E J F H K O O R E B W U H N I
S M N C S H S S R U T T W A N G
N A Z G A K R L S H G T F N Y U
Z N W I L D E R N E S S X T T R
B E C R U C I F I X I O N M U E
```

ALABASTER   BAPTISM   BIRTH
BURIED   CROSS   CRUCIFIXION
DEATH   GETHSEMANE   GOLGOTHA
PRAYED   TEMPTATION   TOMB
TRANSFIGURE   TRIUMPHANT   WILDERNESS

Bible Puzzle Book for Adult & Kids

Bible Puzzle Book for Adult & Kids

FORGIVENESS

- Instead, be kind to each other, tenderhearted, forgiving one another, just as God through Christ has forgiven you. **Ephesians 4:32**

- If you forgive those who sin against you, your heavenly Father will forgive you. **Matthew 6:14**

- Make allowance for each other's faults, and forgive anyone who offends you. Remember, the Lord forgave you, so you must forgive others. **Colossians 3:13**

- Do not judge others, and you will not be judged. Do not condemn others, or it will all come back against you. Forgive others, and you will be forgiven.**Luke 6:37**

- O Lord, you are so good, so ready to forgive, so full of unfailing love for all who ask for your help. **Psalm 86:5**

- But when you are praying, first forgive anyone you are holding a grudge against, so that your Father in heaven will forgive your sins, too. **Mark 11:25**

- Never pay back evil with more evil. Do things in such a way that everyone can see you are honorable. **Romans 12:17**

ANGER

- "And "don't sin by letting anger control you." Don't let the sun go down while you are still angry, for anger gives a foothold to the devil." **Ephesians 4:26&27**

- Hatred stirs up quarrels, but love makes up for all offences. **Proverbs10:12**

- Understand this, my dear brothers and sisters: You must all be quick to listen, slow to speak, and slow to get angry. **James1:19**

- A gentle answer deflects anger, but harsh words make tempers flare. **Proverbs15:1**

- People with understanding control their anger; a hot temper shows great foolishness. **Proverbs14:29**

- Fools vent their anger, but the wise quietly hold it back. **Proverbs 29:11**

- A fool is quick-tempered, but a wise person stays calm when insulted. **Proverbs12:16**

- Avoiding a fight is a mark of honour; only fools insist on quarrelling. **Proverbs 20:3**

Bible Puzzle Solution

Puzzle #1
PLACES/LOCATIONS IN THE BIBLE

EVEGN	=	NEGEV
RSYAIAS	=	ASSYRIA
NDAJRO	=	JORDAN
HEINVEN	=	NINEVEH
IARSY	=	SYRIA
AOBNBLY	=	BABYLON
OERCHIJ	=	JERICHO
ASBEH	=	SHEBA
VHAAHLI	=	HAVILAH
MODOS	=	SODOM
MAARIAS	=	SAMARIA

Puzzle #2
OLD TESTAMENT PROPHET

SEAHO	=	HOSEA
MOSA	=	AMOS
IHAAODB	=	OBADIAH
KZEEILE	=	EZEKIEL
EMJAHIRE	=	JEREMIAH
AIISHA	=	ISAIAH
MAELUS	=	SAMUEL
HNANTA	=	NATHAN
NDILAE	=	DANIEL
IHALAMC	=	MALACHI
ARAHEIHZC	=	ZECHARIAH
KAKKHUAB	=	HABAKKUK

Puzzle #3
FRUITS OF THE SPIRIT

ETANFSSFULIH	=	FAITHFULNESS
LERFNC-OSTLO	=	SELF-CONTROL
APENTCEI	=	PATIENCE
DSOGEOSN	=	GOODNESS
NSSETNLGEE	=	GENTLENESS
YJO	=	JOY
NEISNSKD	=	KINDNESS
CEPAE	=	PEACE
VLOE	=	LOVE

Puzzle #4
OLD TESTAMENT BOOKS

TISUEVLCI	=	LEVITICUS
YDEUTORMNEO	=	DEUTERONOMY
RISHCENCOL	=	CHRONICLES
AENTSOATNLIM	=	LAMENTATIONS
EJOL	=	JOEL
SOAM	=	AMOS
AIMCH	=	MICAH
KAUBKHKA	=	HABAKKUK
HEIAAZHNP	=	ZEPHANIAH
IAHAGG	=	HAGGAI
IHCAEAZRH	=	ZECHARIAH
LCMIAHA	=	MALACHI

Puzzle #5

SUSA QUEEN-ESTHER

RXSEEX	=	XERXES
IMEACRDO	=	MORDECAI
UNHAM	=	HUMAN
CNAMMEU	=	MEMUCAN
AITVHS	=	VASHTI
AGHIE	=	HEGAI
ZSHAASHAG	=	SHAASHGAZ
HAINBGAT	=	BIGTHANA
EHTRSE	=	TERESH
CHAAHTH	=	HATHACH
SZERHE	=	ZERESH
BAOHNRA	=	HARBONA

Puzzle #6
OFFERING TO GOD

NRTBU	=	BURNT
WLLFEEIR	=	FREEWILL
IRNGA	=	GRAIN
IRKDN	=	DRINK
EEPAC	=	PEACE
TEMTNNEAO	=	ATONEMENT
ARCCSEFII	=	SACRIFICE
SEITHT	=	TITHES
EFIONFGR	=	OFFERING
IRTSF SUTFRI	=	FIRST FRUITS
NIGVGI	=	GIVING

Puzzle #7
BIBLE AUTHORS

SESOM	=	MOSES
USOAJH	=	JOSHUA
ALEUSM	=	SAMUEL
EREHIAJM	=	JEREMIAH
AREZ	=	EZRA
COADEIMR	=	MORDECAI
BJO	=	JOB
VADID	=	DAVID
MOLOONS	=	SOLOMON
HISAAI	=	ISAIAH
LIEZKEE	=	EZEKIEL
ELDIAN	=	DANIEL

Puzzle #8

WOMEN WHO FEARED THE LORD

AMRY	=	MARY
ALEAMNDGE	=	MAGDALENE
AHNANH	=	HANNAH
AAHRS	=	SARAH
BADEROH	=	DEBORAH
THRU	=	RUTH
STEERH	=	ESTHER
UCEIEN	=	EUNICE
IOSL	=	LOIS
ARMIMI	=	MIRIAM
ELCHRA	=	RACHEL
YIADL	=	LYDIA

Puzzle #9

MOUNTS

OBEHR	=	HOREB
ASNII	=	SINAI
IRES	=	SEIR
ORH	=	HOR
ELIAGD	=	GILEAD
IZON	=	ZION
VIOSLE	=	OLIVES
MECRLA	=	CARMEL
OENMHR	=	HERMON
TAARRA	=	ARARAT
IMROHA	=	MORIAH

Puzzle #10
NAMES OF GOD

LDHAADSEI	=	ELSHADDAI
DAONAI	=	ADONAI
WHEYHA	=	YAHWEH
HLMIEO	=	ELOHIM
ASMAHMH	=	SHAMMAH
PAARH	=	RAPHA
ISSNI	=	NISSI
HEJRI	=	JIREH
OSLMHA	=	SHALOM
ASBAHTO	=	SABAOTH
SEIDUTNK	=	TSIDKENU
ARHA	=	RAAH

Puzzle #11

NEW TESTAMENT BOOKS

OSSSCOIANL	=	COLOSSIANS
ALNGOISAT	=	GALATIANS
NIIAOTRSNHC	=	CORINTHIANS
SHISEEPNA	=	EPHESIANS
EMINPOLH	=	PHILEMON
NHOJ	=	JOHN
RETPE	=	PETER
SHEBREW	=	HEBREWS
KULE	=	LUKE
MSAJE	=	JAMES
IUTTS	=	TITUS
TVENROIALE	=	REVELATION

Puzzle #12
HEBREW 11 MEN OF FAITH

EALB	=	ABEL
HOECN	=	ENOCH
PHEOSJ	=	JOSEPH
AJBOC	=	JACOB
OSESM	=	MOSES
ONAH	=	NOAH
DGIOEN	=	GIDEON
PHEATJHH	=	JEPHTHAH
VAIDD	=	DAVID
AAHBR	=	RAHAB
OUAHJS	=	JOSHUA
AHIJEREM	=	JEREMIAH

FAITH

- And Jesus said to him, If you can! All things are possible for one who believes. **Mark 9:23**

- In all circumstances take up the shield of faith, with which you can extinguish all the flaming darts of the evil one; **Ephesians 6:16**

- And Jesus said to him, Go your way; your faith has made you well. And immediately he recovered his sight and followed him on the way. **Mark 10:52**

- Be watchful, stand firm in the faith, act like men, be strong. **1Corinthians 16:13**

- So also faith by itself, if it does not have works, is dead. **James 2:17**

- But let him ask in faith, with no doubting, for the one who doubts is like a wave of the sea that is driven and tossed by the wind. **James 1:6**

- So faith comes from hearing, and hearing through the word of Christ. **Romans 10:17**

- Now faith is the assurance of things hoped for, the conviction of things not seen. **Hebrews 11:1**

Bible Puzzle Book for Adult & Kids

1. Names of God - Solution

2. Israelite Musicians - Solution

3. Party Defectors - Solution

4. Relatives of Saul defects to David - Solution

5. Israelite Commanders and Leaders - Solution

6. Musical Instrument & Weapons of Battle - Solution

7. King David' Children - Solution

8. Old Testament Prophet - Solution

9. Lineage of Adam - Solution
10. Husband & Wife - Solution
11. Family Tree of Israel - Solution
12. Nations - Solution

13. Occupation/ Profession - Solution

14. Fruits & Gifts of the Spirit - Solution

15. Armour of God - Solution

16. Christ' Birth & His Disciples - Solution

17. The Land of Susa - Solution

18. Evil Acts & Intentions - Solution

19. Criminal & Tortious Acts - Solution

20. First Born Child - Solution

21. God Fearing Women - Solution

22. Men who Lied - Solution

23. Hall of Faith - Solution

24. Mounts - Solution

25. Warriors & Soldiers - Solution

26. Rivers - Solution

27. Wilderness - Solution

28. Family Tree - Abraham - Solution

PRAYERS

- And pray in the Spirit on all occasions with all kinds of prayers and requests. With this in mind, be alert and always keep on praying for all the Lord's people. **Ephesians 6:18**

- Is anyone among you in trouble? Let them pray. Is anyone happy? Let them sing songs of praise. **James 5:13**

- Therefore I tell you, whatever you ask for in prayer, believe that you have received it, and it will be yours. **Mark 11:24**

- But I tell you, love your enemies and pray for those who persecute you. **Mathew 5:44**

- And when you pray, do not keep on babbling like pagans, for they think they will be heard because of their many words. **Mathew 6:7**

- Therefore, I want the men everywhere to pray, lifting up holy hands without anger or disputing. **1 Timothy 2:8**

- Do not be anxious about anything, but in every situation, by prayer and petition, with thanksgiving, present your requests to God. **Philippians 4:6**

- Devote yourselves to prayer, being watchful and thankful. **Colossians 4:2**

Puzzle #1
CIRCUMSTANCIAL HAPPENINGS

Twin	=	Perez&Zerah
Dethrone	=	Vashti
Fleece test	=	Gideon
Prophetess	=	Deborah
Giant	=	Goliath
Jericho	=	Wall down
Noahs	=	Ark
Prodigal	=	Son
Widows	=	Mite
Burning	=	Furnace
Gouged eye	=	Samson

Puzzle #2
MOTHER AND SON

Rachel	=	Joseph
Eve	=	Abel
Keturah	=	Jokshan
Sarah	=	Isaac
Rebekah	=	Jacob
Eunice	=	Timothy
Bathsheba	=	Solomon
Jochebed	=	Moses
Ruth	=	Obed
Naomi	=	Mahlon
Tamar	=	Perez
Rahab	=	Boaz

Puzzle #3
FIRST BORN CHILD

Manoach	=	Samson
Jacob	=	Reuben
Adam	=	Cain
Abraham	=	Ishmael
Amram	=	Miriam
Elkanah	=	Samuel
Zechariah	=	John
Hezekiah	=	Manasseh
Obed	=	Er
Moses	=	Gershom
Dan	=	Hushim

Puzzle #4
COUPLES

Abraham	=	Keturah
Xerxes	=	Esther
Boaz	=	Ruth
Lapidoth	=	Deborah
Aquila	=	Priscilla
Zechariah	=	Elizabeth
Felix	=	Drusilla
Elimelech	=	Naomi
Hosea	=	Gomer
Salmon	=	Rahab
Ahab	=	Jezebel

Puzzle #5
EVIL ACTS

Beheading	=	Herodias
Defamation	=	PotipharWife
Conspiracy	=	Jezebel
Disobedience	=	Eve
Rape	=	Amnon
Stealing	=	Rachel
Rebellion	=	Korah
Licentious	=	Reuben
Murder	=	Cain

Puzzle #6
FATHER DAUGHTER

David=Tamar

Jacob=Dinah

Amram=Mirian

Zelophehad=Hoglah

Saul=Micah

Jethro=Zipporah

Laban=Rachel

Asher=Serah

Puzzle #7
ANIMALS

Snake	=	Eve
Fish	=	Jonah
Lion	=	Daniel
Plague	=	Egypt
Raven	=	Elisha
Dove	=	Noah
Donkey	=	Jesus
Dogs	=	Jezebel
Sheep	=	David
Horse	=	Elijah

Puzzle #8
PLACE OF DEATH

Aaron	=	Mount Hor
Terah	=	Haram
Sarah	=	Hebron
Rachel	=	Ephrath
Isaac	=	Mamre
Joseph	=	Egypt
Jacob	=	Egypt
Miriam	=	Kadesh
Moses	=	Moab
Saul	=	Mount Gilboa
David	=	Cityof David

Puzzle #9
SERVANTS/MAIDS

Sarah = Hagar

Rachel = Bilhah

Leah = Zilpah

Elisha = Gehazi

Paul = Alexander

Mephiboseth = Ziba

David = Abishag

Abraham = Eliezer

Puzzle #10
CLOSE LINKS

Paul = Silas

David = Jonathan

Job = Eliphaz

Daniel = Shadrach

Sodom = Gomorrah

Abraham = Hiram

Peter = John

Mary = Martha

Judas = Iscariot

Isaac =₁₂₅ Jacob

Puzzle #11
PARABLES

Farmer	=	Sower
Wheat	=	Tares
Good	=	Samaritan
Old wine	=	New wine
Rich	=	Fool
Ten	=	Virgins
Forgiven	=	Debts
Friend	=	Midnight
Unfruitful	=	Fig Tree

Puzzle #12
OCCUPATION

Judge	=	Deborah
King	=	David
Queen	=	Hadassah
Fisherman	=	Zebeedee
Priest	=	Aaron
Doctor	=	Luke
Governor	=	Felix
Prophet	=	Samuel
Hunter	=	Nimrod
Teacher	=	Barnabas
Secretary	=	Shebna
Administrato	=	Eliakim

PEACE

- I will both lie down in peace, and sleep; for You alone, O LORD, make me dwell in safety. **Psalm 4:8**

- For God is not the author of confusion but of peace. **1Corinthians 14:33**

- Blessed are the peacemakers, for they shall be called sons of God. **Matthew 5:9**

- You will keep him in perfect peace, whose mind is stayed on You, because he trusts in You. **Isaiah 26:3**

- The LORD lift up His countenance upon you, and give you peace. **Numbers 6:26**

- When a man's ways please the LORD, He makes even his enemies to be at peace with him. **Proverbs 16:7**

- Now may the Lord of peace Himself give you peace at all times and in every way. The Lord be with all of you.**2 Thessalonians 3:16**

- Peace I leave with you, My peace I give to you; not as the world gives do I give to you. Let not your heart be troubled, neither let it be afraid. **John 14:27**

29. Old Testament Offering to God - Solution

30. Human Body - Solution

31. Long Wait/Delay - Solution

32. Servants - Solution

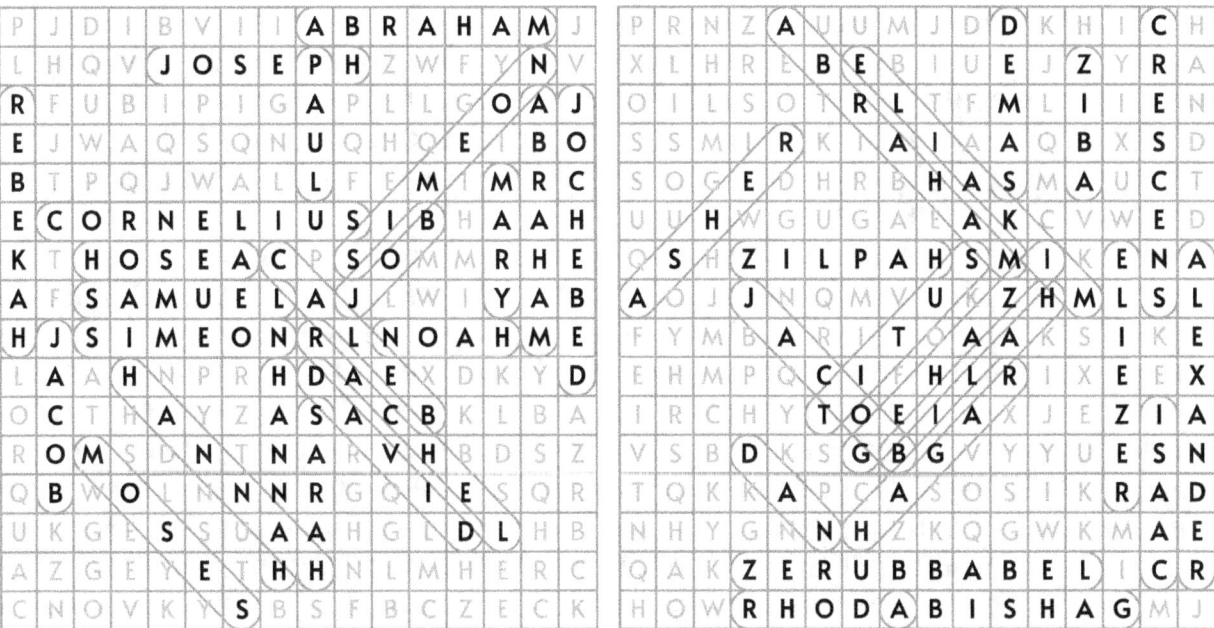

33. Conspirators & the Plague - Solution

34. Household items - Solution

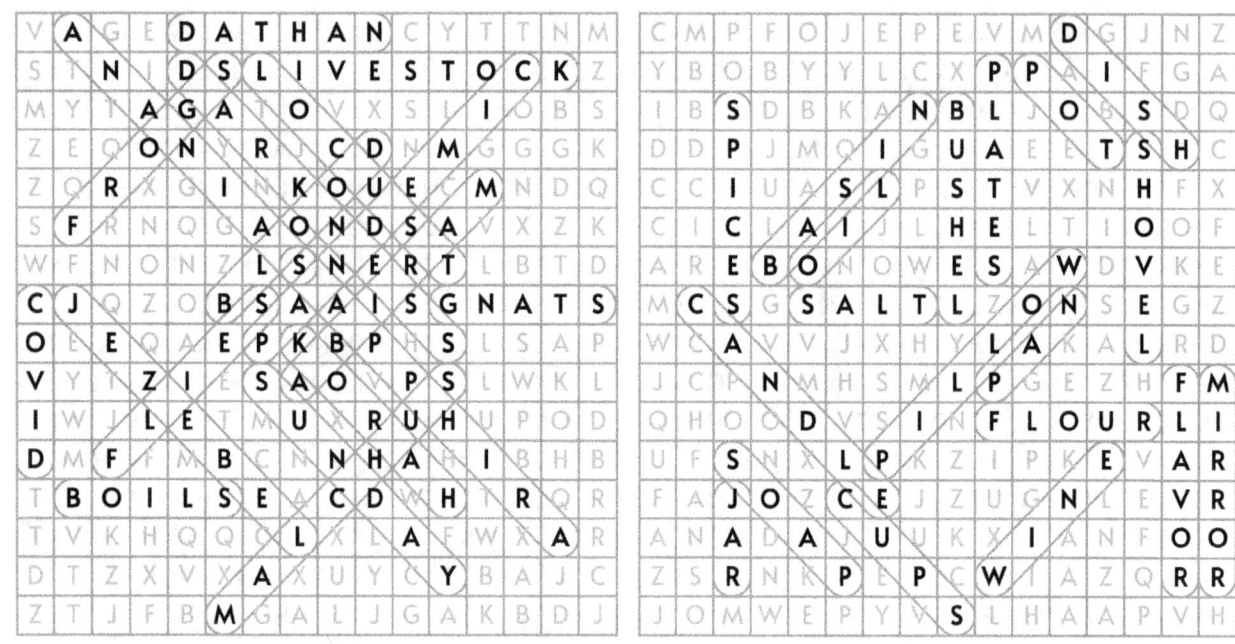

35. Old Testament Books - Solution

36. Books by Apostle Paul - Solution

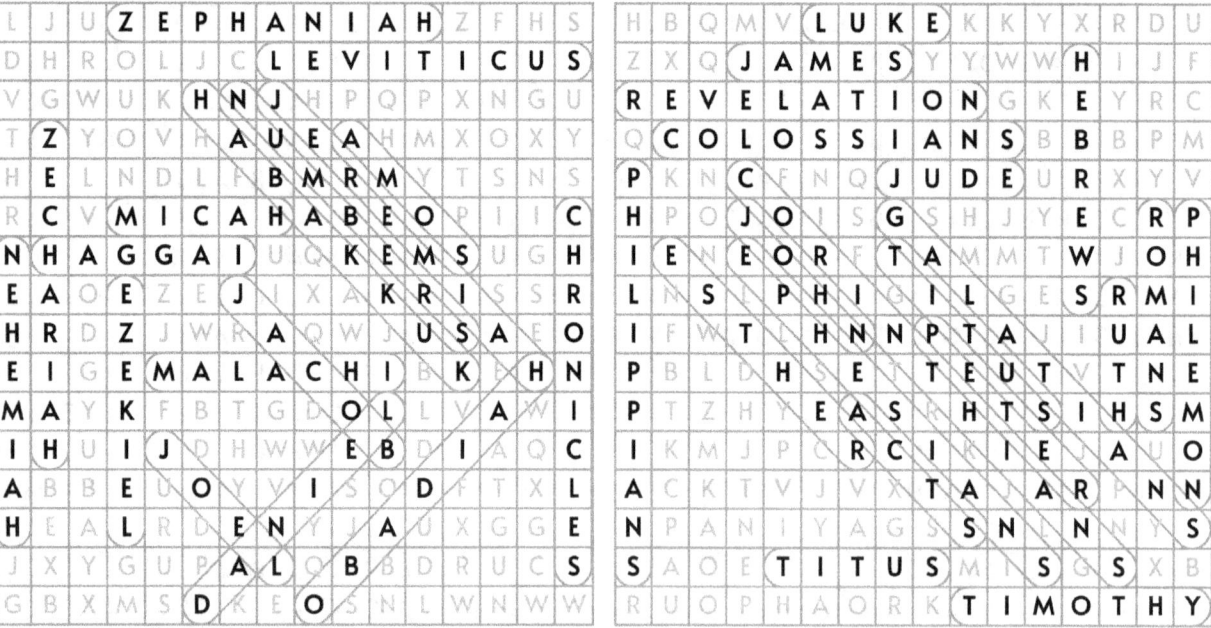

37. Bible Authors - Solution

38. Daughters - Solution

39. Friends - Solution

40. The Holy Spirit is the Spirit of - Solution

Bible Puzzle Book for Adult & Kids

41. Animals – Solution
42. Edibles – Solution
43. King, Queen & Queen mother – Solution
44. Names of JESUS – Solution

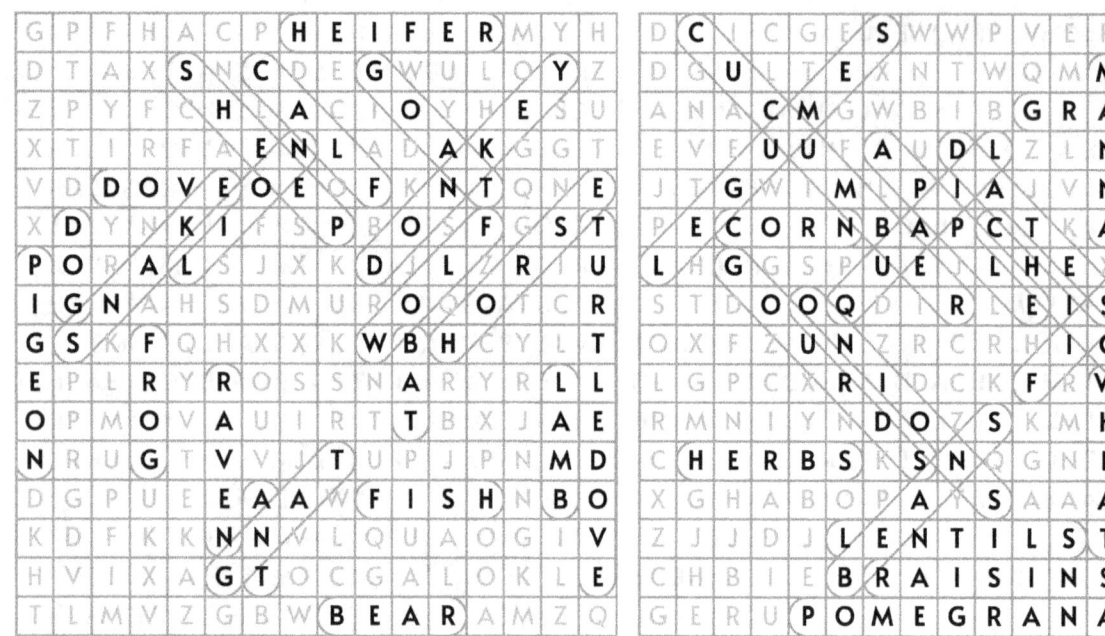

Bible Puzzle Book for Adult & Kids

45. Israelite Judges - Solution

46. Tribes of Israel - Solution

47. Lineage of Judah - Solution

48. Second Chance - Solution

Bible Puzzle Book for Adult & Kids

49. Places Jesus Went To - Solution

50. Jesus' Birth & Death - Solution

HEALTH

- Some people make cutting remarks, but the words of the wise bring healing. **Proverbs 12:18**

- Beloved, I wish above all things that thou mayest prosper and be in health, even as thy soul prospereth. **3John1:2**

- A cheerful heart is good medicine, but a broken spirit saps a person's strength. **Proverbs 17:22**

- O Lord, if you heal me, I will be truly healed; if you save me, I will be truly saved. My praises are for you alone! **Jeremiah 17:14**

- Then your salvation will come like the dawn, and your wounds will quickly heal. Your godliness will lead you forward, and the glory of the Lord will protect you from behind. **Isaiah 58:8**

FAMILY LOVE

- Honor your father and your mother, that you may live a long time in the land the Lord your God is giving to you. **Exodus20:12**

- No one has ever seen God; but if we love one another, God lives in us and his love is made complete in us. **1John4:12**

- The one who troubles his family will inherit nothing, and the fool will be a servant to the wise person. **Proverbs11:29**

- If it is possible, as far as it depends on you, live at peace with everyone. **Romans12:18**

- So we, though many, are one body in Christ, and individually members one of another. **Romans12:5**

- Children's children are a crown to the aged, and parents are the pride of their children. **Proverbs17:6**

- Therefore encourage one another and build each other up, just as in fact you are doing.**1Thessalonians5:11**

- Husbands, love your wives just as Christ loved the church and gave himself for her. **Ephesians5:25**

www.ingramcontent.com/pod-product-compliance
Lightning Source LLC
Chambersburg PA
CBHW081619100526
44590CB00021B/3513